Dave Breese
**Sekten erkennen und beurteilen**

D1726306

DAVE BREESE

# SEKTEN
# erkennen
# &
# beurteilen

Schulte & Gerth

Die amerikanische Originalausgabe erschien im Verlag SP Publications, Inc.,
Wheaton, Illinois 60189, unter dem Titel „Know the Marks of Cults".
© 1986 by SP Publications, Inc.
© der deutschen Ausgabe 1990 Verlag Klaus Gerth, Asslar
Aus dem Amerikanischen übersetzt von Christian Rendel

Best.-Nr. 15 139
ISBN 3-89437-139-0
1. Auflage 1990
Umschlaggestaltung: Ursula Stephan
Satz: Pulverich-Druck GmbH, Haiger
Druck und Verarbeitung: Ebner Ulm
Printed in Germany

# Inhalt

# Vorwort

Es fing alles auf einer Hochzeit an.

Mir war klar, daß ich zehn oder zwanzig Minuten würde stillsitzen müssen, bevor die Zeremonie begann, und noch einmal so lange danach. Deshalb nahm ich mir als Lesestoff eine kleine Broschüre über irgendeine Sekte mit. Ich las die hilfreichen Seiten mit Interesse und Gewinn. Beim Lesen wurde mir jedoch deutlich, daß eine ganze Bibliothek solcher Bücher nötig wäre, um jede der merkwürdigen Religionen, die heute um Anhänger werben, genau zu untersuchen.

Aber wenn man in einfacher, lesbarer Form die Merkmale darstellen könnte, die die ganze Bandbreite der einzelnen Sekten kennzeichnen? Das wäre eine enorme Erleichterung!

Noch am selben Abend machte ich mir Notizen über die allgemeinen Sektenkennzeichen, die ich beobachtet hatte. Das Ergebnis dieser Notizen war eine Broschüre mit dem Titel „Die Merkmale einer Sekte", die in Amerika und in vielen überseeischen Missionsgebieten zu Zehntausenden verteilt wurde.

Die Reaktion von Gemeindeleitern, Pastoren, Rundfunkmitarbeitern und einzelnen Lesern war äußerst ermutigend. Viele baten um zusätzliche Informationen über die Welle religiöser Irrlehren, die heute in aller Munde sind.

Auch ein Verlag äußerte konkretes Interesse an dem erweiterten Material. Die verantwortlichen Herausgeber baten mich um ein Buchmanuskript zum Thema und drückten die Überzeugung aus, daß ein Studium dieser grundlegenden Lehrfragen Gemeinden, Sonntagsschulen und interessierten Christen in aller Welt eine große Hilfe wäre. Diese Aufforderung gab den Ausschlag, und das Ergebnis haben Sie in den folgenden Seiten vor sich.

Zunächst möchte ich mich aber herzlich bei denen bedanken, die mich bei dieser Arbeit unterstützt haben. Da ist zuerst mein Schwiegervater und Freund Elmer Flaming, der mir am Anfang die nötige Ermutigung zuteil werden ließ, ohne die ein schriftstellerisches Vorhaben nie in Gang kommt.

Danken möchte ich ebenso Jackie Maplesden, die unermüdlich die Zeitungen von Los Angeles durchgekämmt hat; Luella Yoder, die mit viel Geduld die unerquicklichen Verlautbarungen der Sekten sammelte und zusammenstellte; und Ruth Friesen, die mir bei den Nachforschungen, der Materialsammlung und dem Erstellen des Manuskripts half. Sie alle haben sich weit über ihre Pflicht hinaus eingesetzt.

Die Gedanken dieses Buches verdanke ich zu einem großen Teil meinen Gesprächen mit Pastoren, Jugendleitern und Gemeindemitarbeitern in aller Welt, mit denen ich bei evangelistischen Diensten zusammenarbeiten durfte. Diese Menschen kämpfen an der Front der heutigen geistlichen Auseinandersetzung um die Wahrheit. Ich wünsche ihnen Gottes Segen.

Ich freue mich über Zuschriften von allen, die zu den hier angesprochenen Themen Fragen, Anregungen oder weitere Informationen haben. Meine Hoffnung und mein Gebet ist es, daß dieses Material unserem einzigen Herrn und Erlöser, Jesus Christus, Ehre macht und seinem Evangelium dient in diesen Tagen, da die Wahrheit sich vielen Herausforderungen stellen muß.

Dave Breese

# Einleitung

Wir leben in einer Zeit, in der viele jenseits des Christentums eine religiöse Grundlage für ihr Leben suchen.

Das Wort „jenseits" verdankt seine Anziehungskraft der geradezu mythischen Bedeutung, die heutzutage dem Fortschritt zugemessen wird. Was feststeht, was für immer unveränderlich bleibt, das erscheint so manchem als schwerfällig und undynamisch. In unserer Zeit muß sich alles unaufhörlich weiterentwickeln, angetrieben von einer neuentdeckten Lebensenergie. Nicht Liebe oder Haß oder ähnliche Triebkräfte sind das vorherrschende Gefühl in unserer Gesellschaft, sondern Langeweile. Wir brauchen ständig neue Dinge, die uns für immer kürzere Zeitspannen faszinieren.

Dieser Bedarf nach dem faszinierenden Neuen hat viele Menschen veranlaßt, jenseits des Glaubens, den die Apostel predigten, nach etwas Neuerem (und daher, so meinen sie, „Wahrerem") und Aufregenderem zu suchen. Deshalb bin ich immer dankbar für die Worte meines Philosophieprofessors am Theologischen Seminar, Dr. Eastburg: „Wenn etwas neu ist, ist es nicht wahr; und wenn es wahr ist, ist es nicht neu."

Wir sollten uns das Christentum nicht wie eine Mauer vorstellen, hinter die wir nicht gelangen können. Es ist eher wie der höchste Berggipfel, jenseits dessen es in allen Richtungen nur bergab geht. Es gibt nichts Größeres, nichts Höheres und ganz sicher nichts Erhabeneres als den Berggipfel der göttlichen Offenbarung in der Heiligen Schrift und in Jesus Christus. Wer jenseits dieses Berggipfels nach etwas Besserem sucht, der verirrt sich zwischen den tückischen Abgründen

9

und Felsspalten der Hänge, die vom echten Christentum abfallen. Und jenseits der Felsspalten der Irrlehre liegen die Fiebersümpfe der Sekten, wo Schlangen und Skorpione lauern. Jenseits der Vernunft liegt der Wahnsinn, jenseits der Arznei das Gift, jenseits der Sexualität die Perversion, jenseits der Faszination die Abhängigkeit, jenseits der Liebe die Begierde, jenseits der Realität die Traumwelt.

Und ebenso jenseits des Christentums Tod, Hoffnungslosigkeit, Dunkelheit und Irrlehre.

Dennoch werden uns immer wieder jene Seitenwege angepriesen, die uns letzten Endes nur bergab führen. Die religiöse Situation unserer Zeit wird immer unüberschaubarer durch eine Flut der merkwürdigsten religiösen Mixturen, auf die der Menschengeist je verfiel.

Wir hoffen und beten, daß dieses Buch dazu gebraucht wird, die Irrtümer aufzuzeigen, die die Sekten unserer Zeit am deutlichsten kennzeichnen. Es ist keine Studie über die Sekten selbst; so viel Aufmerksamkeit verdienen sie nicht. Vielmehr ist es ein Ausdruck der Hoffnung, daß wir die geistliche Fähigkeit entwickeln können, die Merkmale der Sekten sofort zu erkennen. Das wird uns die Mühe und den Zeitaufwand ersparen, uns näher darauf einzulassen.

Möglicherweise fällt uns auch auf, daß manche Eigenschaften von religiösen Gruppen, die durch und durch Sekten sind, als kleine Anfänge auch in der wahren Gemeinde Jesu Christi vorkommen. Diese sektiererischen Eigenschaften aufzudecken und frühzeitig zu korrigieren kann manche geistliche Tragödie in der Zukunft verhindern.

Der Apostel Paulus forderte die Christen in Korinth auf, sich selbst zu prüfen, ob sie „im Glauben" seien (2. Korinther 13,5). Diese Ermahnung, verbunden mit der Warnung, daß in der letzten Zeit einige vom Glauben abfallen werden (1. Timotheus 4,1), sollte für jeden von uns Anlaß genug sein, den eigenen Glauben auf mögliche Irrtümer hin zu untersuchen.

Die Heilige Schrift lehrt klar, daß wir von Gott nicht gerichtet werden, wenn wir uns selbst richten (1. Korinther 11,31-32).

Wer seinen Kurs rechtzeitig korrigiert, verkürzt die manchmal schmerzhafte Korrektur des Heiligen Geistes. Wo falsche Lehre nicht korrigiert wird, da wartet der geistliche Zusammenbruch. Wie oft schon haben enttäuschte Christen inmitten der Scherben ihres zerstörten Lebens gestanden und gesagt: „Wenn ich das nur gewußt hätte! Warum hat mich niemand rechtzeitig gewarnt?"

Es ist unser Gebet, daß diese Seiten vielen eine rechtzeitige Warnung sind.

# Warum Sekten Erfolg haben

„Ich bin der Herr des Universums!"

Diese Worte sprach ein jugendlicher Guru auf einer Tournee durch die Vereinigten Staaten in Houston (Texas) vor dreißigtausend verzückten Anhängern. Zuschauer beobachteten erstaunt, wie sich diese jungen Leute in Anbetung vor ihrem „vollkommenen Meister" niederwarfen.

Viele Menschen, die solche Szenen erlebt haben, fragen nach den Gründen dafür, daß in unserer Zeit so erstaunlich viele merkwürdige religiöse Führer auftreten. Sie erleben, wie ansonsten vernünftige Leute aus ihrer Bekanntschaft einem neuen religiösen Fanatismus verfallen und sich der Sache irgendeines strahlenden Messias verschreiben, der ihnen eine neue, „heilige" Wahrheit zu entdecken half.

Offenbar macht sich eine steigende Anzahl evangelikaler christlicher Gemeinden Sorgen um ganze Familien, die aus ihrer Mitte verschwinden, dem Glauben den Rücken kehren und sich bisher völlig unbekannten Religionen zuwenden. „Was geht da eigentlich vor?" fragen sie sich. „Was sind das für merkwürdige neue Sekten, die sich an die Menschen heranmachen?"

Eine Sekte ist eine religiöse Verirrung. Sie verlangt die Hingabe an eine Glaubensauffassung oder an einen religiösen Führer, die sich auf falsche Lehren stützen. Sie ist eine organisierte Irrlehre.

Eine Sekte kann viele verschiedene Formen annehmen, aber grundsätzlich ist sie eine religiöse Bewegung, die den orthodoxen Glauben so weit entstellt oder verformt, daß die Wahrheit zur Lüge wird. Es ist unmöglich, zu definieren, was eine Sekte ist, ohne daß man den Maßstab der Lehre der Heiligen Schrift dagegen setzt. Im Vergleich mit der biblischen Wahrheit zeigt sich an deutlichen Merkmalen, daß eine Sekte hinter dem Christentum auf fatale Weise zurückbleibt.

Ohne Frage ist eine der bemerkenswertesten und gefährlichsten Entwicklungen unserer Zeit das verstärkte Aufkommen trügerischer Religionen. Die Wortführer der alten und neuen Sekten sind auf dem Plan, und ihre Anhängerschaft wächst wie nie zuvor. Von leicht errungenen Erfolgen ermutigt, glauben sie, immer neue Massen von Nachfolgern anlocken zu können.

So kommt es, daß Millionen schlichter Gemüter dazu verführt werden, sich religiösen Bewegungen anzuschließen, die nichts anderes als trügerische und satanische Sekten sind. Die alten Sekten erleben einen bemerkenswerten Aufschwung, während die eigenartigsten neuen Glaubensgemeinschaften wie Pilze aus dem Boden schießen.

Viele Menschen, die von den sonderbaren Lehren und Praktiken der Sekten hören, die an dem gegenwärtigen religiösen Aufschwung teilhaben, fragen sich verständlicherweise nach den Gründen. „Warum fühlen sich so viele Männer, Frauen und vor allem junge Leute zu diesen unorthodoxen geistlichen Führern mit ihren seltsamen, suspekten Praktiken hingezogen?"

Um diese Frage zu beantworten, müssen wir uns zunächst an die Voraussage der Bibel erinnern, daß das wahre Christentum sich ständig der Angriffe derer zu erwehren haben würde, die den Glauben leugnen und zerstören wollen. Eine der packendsten Reden im Neuen Testament enthält die Warnung, die der Apostel Paulus den Ältesten der Gemeinde in Ephesus mitgab, als er sich von ihnen verabschiedete und sie ermahnte, die Gemeinde vor Schaden zu bewahren:

„So habt nun acht auf euch selbst und auf die ganze Herde, in welcher der Heilige Geist euch zu Aufsehern gesetzt hat, die Gemeinde Gottes zu weiden, welche er durch das Blut seines eigenen Sohnes erworben hat! Denn das weiß ich, daß nach meinem Abschied räuberische Wölfe zu euch kommen werden, die der Herde nicht schonen; auch aus eurer eigenen Mitte werden Männer aufstehen, die verkehrte Dinge reden, um die Jünger auf ihre Seite zu ziehen. Darum wachet und denket daran, daß ich drei Jahre lang Tag und Nacht nicht abgelassen habe, jeden einzelnen unter Tränen zu ermahnen" (Apostelgeschichte 20,28-31).

Hier ermahnt Paulus die Ältesten in Ephesus (und ebenso alle späteren Christen), mit Angriffen des Feindes aus zwei Richtungen zu rechnen: von innen und außen. „Räuberische Wölfe" werden von außen hereinkommen. Aber auch solche, die scheinbar zur Herde gehören, werden aufstehen und „verkehrte Dinge reden, um die Jünger auf ihre Seite zu ziehen".

Deshalb sollten die Ältesten achthaben, wachen und sich der Ermahnungen des Apostels erinnern. Es war keine Rede davon, daß sie einfach beliebte Leiter sein sollten, deren Botschaft so zurechtgestutzt wäre, daß sie unterschiedliche Standpunkte miteinander versöhnte. Statt dessen sollten sie treue Wächter und Lehrer der ewigen, absoluten Wahrheit Gottes sein.

Dieser Auftrag an die Ältesten der Urgemeinde gilt sicher noch mehr für diejenigen, die in unserer besonderen Zeit im Dienst Gottes stehen. Es gibt wenig Zweifel, daß wir in den Tagen leben, die der Apostel Paulus so angekündigt hat: „Der Geist aber sagt deutlich, daß in späteren Zeiten etliche vom Glauben abfallen und verführerischen Geistern und Lehren der Dämonen anhängen werden" (1. Timotheus 4,1).

Warum nun fühlen sich Menschen zu falschen religiösen Lehren und Praktiken hingezogen, anstatt sich verbindlich zu Jesus Christus und Seiner Gemeinde zu halten? Im Wort Gottes werden wir auf einige Gründe für diesen geistlichen Mangel hingewiesen.

# Liebe zur Finsternis

„Darin besteht aber das Gericht, daß das Licht in die Welt gekommen ist, und die Menschen liebten die Finsternis mehr als das Licht; denn ihre Werke waren böse. Denn wer Arges tut, haßt das Licht und kommt nicht zum Licht, damit seine Werke nicht gestraft werden. Wer aber die Wahrheit tut, der kommt zum Licht, damit seine Werke offenbar werden, daß sie in Gott getan sind" (Johannes 3,19-21).

Wenn jemand entschlossen ist, ein unmoralisches oder auch nur ein auf sich selbst bezogenes Leben zu führen, wird er vor der Wahrheit des Evangeliums fliehen, die sein Leben als das entlarvt, was es ist: eine Beleidigung Gottes. Einer der Hauptgründe, warum Menschen das Evangelium ablehnen, nachdem sie es gehört haben, ist seine rücksichtslose Beleuchtung der Sünde und seine Forderung nach Buße und Glauben an den Erlöser.

In ähnlicher Weise bleiben bekennende Christen in ihrer Nachfolge zurück, weil sie in Sünde gefallen und nicht bereit sind, die Gemeinschaft mit Gott durch Buße und Glauben wiederherzustellen.

„Wer Arges tut, haßt das Licht", und deshalb wird er es weiterhin vorziehen, in Finsternis zu wandeln. Im Schutz der Finsternis glaubt der Sünder, seine schlechten Taten seien vor Gott und seinen Mitmenschen verborgen. Das ist ein furchtbarer Irrtum! Niemand kann seine Gedanken und Handlungen vor Gott, der alles sieht, verbergen. „Es ist aber alles bloß und aufgedeckt vor den Augen dessen, welchem wir Rechenschaft abzugeben haben" (Hebräer 4,13).

Dennoch begehen Menschen den Fehler, die Gebote Gottes hartnäckig abzulehnen. Sie flüchten sich lieber in falsche Lehren, die ihr unmoralisches oder selbstbezogenes Leben rechtfertigen. Die ständig abnehmenden Freuden der Sünde und des Eigenwillens sind ihnen mehr wert als die Freude der Vergebung und des neuen Lebens in Christus.

Solche Menschen fühlen sich häufig von falschen Religionen angezogen. Obwohl sie dort manchmal strenge Auflagen erfüllen müssen, können sie doch weiter gegen Gott rebellieren und ihre Unabhängigkeit behaupten. Bis zu einem gewissen Grad können sie immer noch ihren eigenen Weg gehen.

## Geistliche Unreife

Die geistliche Kindheit ist die Phase in unserem christlichen Leben, in der wir am anfälligsten für Irrlehren sind. Wenn wir aus der Finsternis heraus in das Licht des Evangeliums treten, sind wir durch den Glauben gerechtfertigt. An diesem Punkt werden wir „neugeborene Kindlein" (1. Petrus 2,2), wie die Schrift das nennt. Unser christliches Leben wird selten so frisch, schön und völlig unbeschwert sein wie zu dieser Zeit. Wenn wir vom Glauben erzählen, wird man uns sicherlich abspüren, wie begeistert wir sind, nun Jesus Christus zu kennen.

Neugeborene Christen sind ihrem himmlischen Vater besonders kostbar, genauso wie neugeborene Kinder ihren Eltern. Gott hat an wenigen Dingen mehr Freude als an dem schlichten Vertrauen eines gerade gläubig gewordenen Christen. Dies ist eine Zeit des Jubels im Himmel und der persönlichen Freude im Herzen des Gläubigen.

Aber es ist auch eine Zeit großer Gefahr. Das geistliche Kind darf nicht zu lange in der Kindheit verharren und seine Freude in Christus passiv genießen. Es muß so schnell wie möglich weitergehen und beginnen, geistlich zu wachsen. Andernfalls wird es in der feindlichen Umgebung der Welt großen Gefahren ausgesetzt sein. Viele Kinderkrankheiten bedrohen das neugeborene Baby in der Familie Gottes. Eine der heimtückischsten darunter ist die Verwicklung in eine Sekte.

In unserer Zeit sehen wir großartige Ergebnisse der evangelistischen Arbeit. Millionen sind zum Glauben an Jesus Christus gekommen. Die ausdauernden und erfreulichen Bemühungen der Gemeinden und ihrer Mitarbeiter haben dazu beigetragen, daß viele Tausende sich zum Herrn Jesus bekehrten. Infolgedessen befinden sich zur Zeit große Zahlen geistlicher Kinder in der Gemeinde Jesu. Davon profitieren die Sekten, indem sie ein ehrgeiziges Programm vorantreiben, um diese neugeborenen Kinder Gottes mit dem tödlichen Virus falscher und zerstörerischer Irrlehren zu infizieren.

Daraus folgt, daß eines der dringendsten Bedürfnisse der Gemeinde Jesu heute das nach Wachstum der Christen ist. Nichts im Leben des neugeborenen Christen ist wichtiger als geistliches Wachstum. Die geistlichen Säuglinge, die in der Schrift erwähnt werden, sollen nach der „reinen Milch des Wortes" streben, damit sie wachsen können.

Der Schlüssel zum Erlangen geistlicher Reife liegt in einer Ermahnung des Apostels Paulus, die wir alle beachten sollten. „Jede Schrift ist von Gottes Geist eingegeben und nützlich zur Belehrung, zur Überführung, zur Zurechtweisung, zur Erziehung in der Gerechtigkeit, damit der Mensch Gottes vollkommen sei, zu jedem guten Werke ausgerüstet" (2. Timotheus 3,16-17).

Das Studium der Heiligen Schrift und die daraus folgende Entwicklung zur geistlichen Reife ist unverzichtbar für den jungen Christen. Wo liegt der Schlüssel zu geistlichem Wachstum? Im Studium des Wortes Gottes, das die Kenntnis der gesunden Lehre hervorbringt.

### Geistliche Unterwanderung

Ein anderer Grund, warum wohlmeinende Menschen zu den Sekten abwandern, sind die reisenden religiösen Konjunkturritter, die eifrig daran arbeiten, Menschen vom wahren Glauben an Jesus Christus abzuwenden, hin zu einer Religion, die im Gegensatz zum Wort Gottes steht.

So war es bei einer Gruppe junger Christen in der Provinz Galatien, die durch den Dienst des Apostels Paulus das Evangelium angenommen hatten. Unter seiner Predigt reagierten sie mit freudiger Begeisterung auf das Angebot der Gnade Gottes. Paulus erinnerte sie daran: „Denn ich gebe euch das Zeugnis, daß ihr, wenn möglich, eure Augen ausgerissen und mir gegeben hättet" (Galater 4,15). Für den Apostel muß die überschwengliche Reaktion der Menschen in Galatien eine einzigartige Ermutigung gewesen sein.

Wir können uns deshalb vorstellen, wie niedergeschlagen er gewesen sein muß, als er kurze Zeit später an die Galater schrieb. Er hatte von der geistlichen Unterwanderung gehört, die sich unter diesen von ihm geliebten Christen breit machte. Deshalb rief er aus:

„Mich wundert, daß ihr so schnell übergehet von dem, der euch durch Christi Gnade berufen hat, zu einem anderen Evangelium, so es doch kein anderes gibt; nur sind etliche da, die euch verwirren und das Evangelium Christi verdrehen wollen. Aber wenn auch wir oder ein Engel vom Himmel euch etwas anderes als Evangelium predigen würde außer dem, was wir euch verkündigt haben, der sei verflucht! Wie wir zuvor gesagt haben, so sage ich auch jetzt wiederum: Wenn jemand euch etwas anderes als Evangelium predigt außer dem, das ihr empfangen habt, der sei verflucht" (Galater 1,6-9).

Es waren gewisse Leute aus Jerusalem gekommen, die mit den Galatern eine „Nacharbeit" durchführten. Ohne Zweifel lobten sie sie dafür, daß sie an das Evangelium von der Gnade Gottes glaubten; aber dann fügten sie hinzu, um wahre Christen zu sein, müßten die Galater zusätzlich das Gesetz Moses halten. Paulus beschrieb diese Leute so: „Sie eifern um euch nicht in edler Weise" (Galater 4,17). Gleich darauf ermahnte er die Christen: „Für die Freiheit hat uns Christus befreit; so stehet nun fest und lasset euch nicht wieder in ein Joch der Knechtschaft spannen" (Galater 5,1). So leistete Paulus den geistlichen Unterwanderern Widerstand, die sich wie räuberische Wölfe in die Herde der Galater einschlichen.

Geistliche Unterwanderung gab es auch in Korinth. Auch die Korinther waren unmündige Christen (1. Korinther 3,1). Als Säuglinge in Christus waren sie anfällig für jene allgegenwärtigen geistlichen Konjunkturritter, die kamen, um sich an ihnen zu bereichern. Die Unterwanderer der Gemeinde in Korinth verbreiteten die Irrlehre des sogenannten *Phänomenalismus*. Das heißt, sie leugneten die Aussage des Paulus, der Gerechte werde aus Glauben leben, und lehrten statt dessen, der Gerechte werde im Schauen leben.

Über diese Feinde des Glaubens schrieb Paulus an die Korinther:

„Denn solche sind falsche Apostel, betrügerische Arbeiter, die sich in Apostel Christi verkleiden. Und das ist kein Wunder, denn der Satan selbst verkleidet sich in einen Engel des Lichts. Es ist also nichts Besonderes, wenn sich auch seine Diener verkleiden als Diener der Gerechtigkeit; aber ihr Ende wird ihren Werken gemäß sein" (2. Korinther 11, 13-15).

Kurz darauf bemerkt Paulus erstaunt: „Ihr ertraget (erlaubt) es ja, wenn jemand euch knechtet, wenn jemand euch aufzehrt, wenn jemand von euch nimmt, wenn jemand euch ins Gesicht schlägt" (2. Korinther 11,20). Paulus wendet sich gegen die furchtbare geistliche Verwundbarkeit dieser unmündigen Christen. Schwach und ohne Rückgrat ließen sie sich von jedem hergelaufenen geistlichen Hochstapler hinters Licht führen und ausbeuten.

Auch die Gemeinde in Kolossä war ein Ziel geistlicher Konjunkturritter, die diesen Außenposten der christlichen Freiheit theologisch zu untergraben versuchten. Diese Unruhestifter predigten die mysteriöse Irrlehre der Gnosis. Deshalb warnte Paulus: „Sehet zu, daß euch niemand beraube durch die Philosophie und leeren Betrug, nach der Überlieferung der Menschen, nach den Grundsätzen der Welt und nicht nach Christus" (Kolosser 2,8). Und wenig später: „Niemand soll euch um den Kampfpreis bringen, indem er sich in Demut und Engelsdienst gefällt und sich in Sachen einläßt, die er nicht gesehen hat, ohne Grund aufgeblasen ist von seinem fleischlichen Sinn" (Kolosser 2,18).

Wahrscheinlich ist während der apostolischen Zeit keine Gemeinde des Neuen Testamentes der furchtbaren Aufmerksamkeit der Diener Satans entgangen, die ihre Chance witterten, sich in diesen jungen Gemeinden einzunisten wie ein verkleideter Wolf in einer Schafherde. Wir können uns darauf verlassen, daß nur wenige Gemeinde in unserer Zeit von der gleichen Aufmerksamkeit ähnlicher geistlicher Opportunisten verschont bleiben.

## Geistiger Hochmut

Ein weiterer Grund für den Abfall von Christus und die Verwicklung in falsche Religionen, der im Neuen Testament erwähnt wird, ist jener Hochmut des Intellekts, für den jeder von uns empfänglich sein kann. Bei den Korinthern machte es diese Haltung den geistlichen Unterwanderern noch leichter, ihre Liebe von Christus abzuwenden. Paulus schrieb:

„Ich fürchte aber, es könnten, wie die Schlange mit ihrer List Eva verführte, so auch eure Sinne verdorben und von der Einfalt gegen Christus abgelenkt werden. Denn wenn der, welcher zu euch kommt, einen andern Jesus predigt, den wir nicht gepredigt haben, oder wenn ihr einen andern Geist empfanget, den ihr nicht empfangen habt, oder ein anderes Evangelium, das ihr nicht angenommen habt, so ertraget ihr es wohl" (2. Korinther 11,3-4).

Wir sollen das Evangelium glauben „in Einfalt und göttlicher Lauterkeit, nicht in fleischlicher Weisheit, sondern in göttlicher Gnade" (2. Korinther 1,12).

Geistiger Hochmut läßt vielen das Christentum als „nicht subtil genug" oder „zu einfach" für ihre intellektuellen Fähigkeiten erscheinen. Sie sind peinlich berührt von der Einladung, wie ein kleines Kind zu Christus zu kommen und demütig nach der Wahrheit zu fragen. Sie sind „ohne Grund aufgeblasen von ihrem fleischlichen Sinn" wie einige in der Gemeinde in Kolossä. Solche Menschen stören sich an Bibelstellen wie dieser:

„Denn es steht geschrieben: ‚Ich will zunichte machen die Weisheit der Weisen, und den Verstand der Verständigen will ich verwerfen.' Wo ist der Weise, wo der Schriftgelehrte, wo der Disputiergeist dieser Welt? Hat nicht Gott die Weisheit dieser Welt zur Torheit gemacht? Denn weil die Welt durch ihre Weisheit Gott in seiner Weisheit nicht erkannte, gefiel es Gott, durch die Torheit der Predigt diejenigen zu retten, welche glauben" (1. Korinther 1,19-21).

Wir tun wohl daran, niemals den Ratschlag Hiobs, des weisen alttestamentlichen Patriarchen, zu vergessen: „Siehe, die Furcht des Herrn, das ist Weisheit, und meiden das Böse, das ist Einsicht" (Hiob 28,28/Luther). Wirkliche Weisheit besteht in dem schlichten Gehorsam gegenüber Gott und seinem Wort.

Dennoch bleibt die Tatsache bestehen, daß aus diesen und vielen anderen Gründen die Sekten in der westlichen Welt an Stärke und Einfluß zunehmen. Man könnte ganze Bände mit der Darstellung der jeweiligen Irrtümer der schier endlosen Liste zur Zeit bestehender einzelner Sekten füllen. Aber besser wäre es sicherlich, sich die typischen Fehler der Sekten vorzunehmen. Wenn uns diese bewußt sind, können wir deutlicher jede Sekte, so neu sie auch sein mag, als von der Heiligen Schrift verurteilte religiöse Abweichung erkennen.

Eine Lebensspanne würde nicht ausreichen, um all das Material von Leuten, die etwas anderes als das Evangelium von Jesus Christus glauben, zu lesen. Das ist auch gar nicht nötig. Statt dessen können wir sicher sein, daß es sich bei einer Religion, die in den hier dargestellten Punkten fehlerhaft ist, tatsächlich um eine Sekte handelt.

Die erste Verantwortung jedes Christen ist es, nicht ein Sekten-Experte zu sein, sondern ein Experte im Wort Gottes. Wenige Dinge sind ermüdender als der Versuch, sich ein vollständiges Bild von dem endlosen Labyrinth der Sektenverlautbarungen zu machen. Man kann sich diese nutzlose Mühe sparen, indem man sich klarmacht, daß eine religiöse Anschauung, die die folgenden Merkmale aufweist, keine weitere Aufmerksamkeit lohnt und beiseite gelegt werden kann als ein anderes Evangelium, das nicht mit dem Glauben an Christus übereinstimmt.

Die Anschauungen einer Sekte können in vieler Hinsicht wertvoll und sogar teilweise wahr sein. Das ist es, was sie in den Augen ihrer Anhänger attraktiv erscheinen läßt. Was eine religiöse Gruppe dennoch zur Sekte macht, sind nicht nur die Irrtümer, an die sie glaubt, sondern auch die gesunde Lehre, die sie verschweigt.

Die folgenden Kapitel stellen in allgemeiner Form die gemeinsamen Merkmale dar, von denen eines oder mehrere bei allen heute bestehenden Sekten zu finden sind.

# Außerbiblische Offenbarung

Wie hat Gott sich offenbart?

Die christliche Antwort auf diese Frage lautet, daß Gott sich in vergangenen Zeiten „manchmal und auf mancherlei Weise" offenbart hat. In diesen letzten Tagen aber hat er sich uns völlig und endgültig offenbart in Jesus Christus, wie er in der Bibel, dem Wort Gottes, dargestellt ist.

Deshalb ist das Wort Gottes seine endgültige und vollständige Offenbarung, und diese Offenbarung kann von nichts anderem mehr verdrängt werden. Diese verbindliche Festlegung auf die Bibel fehlt den Sekten. Sie glauben an die Irrlehre der außerbiblischen Offenbarung. Sie behaupten, Gott habe, durch welche Mittel auch immer, Worte gesprochen und aufgezeichnet, seit er uns die Schriften des Neuen Testamentes gab. Ihrer Meinung nach spricht oder sprach Gott außerhalb und unabhängig von der Bibel.

Das erste und typischste Merkmal einer Sekte ist es, daß sie sich auf irgendeine Offenbarung als Autorität beruft, die unabhängig von den klaren Aussagen des Wortes Gottes ist. Die meisten Sekten geben vor, die Lehren der Bibel zu achten. Viele schreiben der Heiligen Schrift sogar göttliche Inspiration zu. Dann aber geben sie sofort ihrem Glauben an irgendeine spätere Offenbarung Ausdruck, die letzten Endes die Lehre der Bibel aufhebt zugunsten eines verbindlicheren neuen Wortes, das Gott angeblich später gesprochen haben soll. Sie behaupten also, die Bibel sei nur ein Teil der verbalen Offenbarung Gottes. Gott habe gesprochen oder spreche immer noch in einer außerbiblischen, von der Heiligen Schrift unabhängigen Weise.

Eine Sekte in Los Angeles warb kürzlich mit folgender Anzeige:

„Die Bibel ist für euch das Buch der Bücher geworden, aber ihr solltet auch wissen, daß Gott Männer und Frauen mit der Vollmacht ausgestattet hat, in unseren Tagen noch größere Dinge zu offenbaren und immer neue Geheimnisse aus dem innersten Herzen des Lebens zu enthüllen.

Vor allem möchten wir, daß ihr heute die Augen eures Herzens offenhaltet, denn es kommen größere Dinge, und Gott tut Wunder unter euch. Jauchzt über die neue Offenbarung und schöpft neue Hoffnung. Das Neue wird für euch das Alte wieder lebendig werden lassen. Zweifelt nicht! Werft euch in die Tiefen Gottes, und fürchtet euch nicht. Die Ewigkeit ist jetzt."

Zuweilen findet man diese außerbiblische Offenbarung in Form eines „göttlich inspirierten Führers". Viele Religionen glauben an die göttliche Autorität einer sichtbaren Persönlichkeit, deren Reden als unfehlbar und gleich- oder gar höherrangig als die Heilige Schrift eingestuft wird. Manche dieser Religionen stellen ihre Führer mit Gott auf eine Stufe.

Ob sie nun aus dem Osten oder dem Westen kommen — immer wieder wollen die Sekten eine bessere Offenbarung als das Wort Gottes besitzen. In seinem Buch *Word to the Bride* sagt William Branham: „Eines Nachts, als ich den Herrn suchte, befahl mir der Heilige Geist, zur Feder zu greifen und zu schreiben. Als ich den Stift in der Hand hielt, vertraute mir Sein Geist eine Botschaft für Seine Gemeinde an. Ich möchte sie euch bringen ... Sie hat mit dem Wort und mit der Braut zu tun."

In dem Wissen, daß dergleichen in der Zukunft der Gemeinde geschehen würde, hat der Gott der Bibel sehr deutlich gemacht, daß sein Wort, die Heilige Schrift, eine endgültige und nie durch etwas anderes zu ersetzende Offenbarung ist. Nachdem er uns die 66 Bücher des Alten und Neuen Testamentes gegeben hatte, veranlaßte der Heilige Geist den Apostel Johannes, am Ende der Bibel die verbale Offenbarung Gottes unwiderruflich zu beenden mit den Worten: „Ich bezeuge jedem, der die Worte der Weissagung dieses Buches hört: Wenn jemand etwas hinzufügt, so wird Gott ihm die Plagen zufügen, von denen in diesem Buche geschrieben ist; und wenn jemand etwas hinwegnimmt von den Worten des Buches dieser Weissagung, so wird Gott wegnehmen seinen Anteil am Baume des Lebens und an der heiligen Stadt, von denen in diesem Buche geschrieben steht" (Offenbarung 22,18-19).

Die Heilige Schrift legt also einen furchtbaren Fluch auf jeden, der vorgibt, eine neue verbale Offenbarung Gottes zu präsentieren.

In einem verzweifelten Versuch, diese Warnung zu umgehen, sagen manche Sektenanhänger: „Nun, unsere Offenbarung stammt nicht von einem Menschen, sondern aus einer höheren Quelle." Ein Beispiel dafür ist die Behauptung der Mormonen, ihrem Gründer sei ein Engel erschienen.

Als ob er derlei Ausreden vorausgesehen hätte, schrieb der Apostel Paulus: „Aber wenn auch wir oder ein Engel vom Himmel euch etwas anderes als Evangelium predigen würde außer dem, was wir euch verkündigt haben, der sei verflucht! Wie wir zuvor gesagt haben, so sage ich auch jetzt wiederum: Wenn jemand euch etwas anderes als Evangelium predigt außer dem, das ihr empfangen habt, der sei verflucht" (Galater 1,8-9).

Es ist richtig, daß in biblischer Zeit Engel den Menschen das Wort Gottes verkündigten (Hebräer 2,2). Die Schrift lehrt jedoch, daß die Offenbarung Jesu Christi dem ein Ende gesetzt hat. „Nachdem Gott vor Zeiten manchmal und auf mancherlei Weise zu den Vätern geredet hat durch die Propheten, hat er zuletzt in diesen Tagen zu uns geredet durch den Sohn" (Hebräer 1,1).

Christus steht höher als die Engel, und alle Engel Gottes beten ihn an. Das abschließende Wort der Schrift, die „Offenbarung Jesu Christi", kann darum niemals durch Botschaften der Engel ersetzt werden. Deshalb hat Jesus Christus seine Jünger und uns ermahnt, „in seinem Wort zu bleiben" (Johannes 8,31). Auch unsere Zeit ist wohlberaten, die Worte des

Vaters zu beachten: „Dies ist mein lieber Sohn ... auf den sollt ihr hören" (Matthäus 17,5).

Es ist eine Grundlehre des Christentums, daß die letzte Wahrheit, das endgültige Wort Gottes, untrennbar mit Jesus Christus verbunden ist. Die Schrift selbst geht sogar noch weiter: „Im Anfang war das Wort, und das Wort war bei Gott, und das Wort war Gott" (Johannes 1,1).

Die letzte Wahrheit also ist die Person, das Wort und das Werk Jesu Christi. Keine spätere Offenbarung über das Wesen der Wahrheit kann die Offenbarung Jesu Christi verdrängen. Es ist schlicht unmöglich, daß es eine größere Offenbarung als diese geben könnte, sei es in dieser oder irgendeiner anderen Welt, die Gott geschaffen hat.

Ein häufig von Sekten verwendeter Kunstgriff, um ihren Schriften Glaubwürdigkeit zu verleihen, besteht darin, sie zunächst auf die gleiche Stufe wie die Bibel zu stellen und sie dann zu höherer Autorität zu erheben. Hier ein Beispiel:

„Die schriftlichen Offenbarungen sagen die wahren Inkarnationen Gottes lange, bevor sie auf der Erde erscheinen, voraus. Zum Beispiel kündigte das Alte Testament das Erscheinen des Herrn Jesus Christus an, und Srimad-Bhagavatam prophezeihte das Kommen des Herrn Buddha, des Herrn Caitanya Mahaprabhu und sogar des Herrn Kalki, der erst in 400 000 Jahren erscheinen wird. Ohne die Berufung auf solche echten schriftlichen Voraussagen kann keine Inkarnation des Herrn wirklich echt sein. Tatsächlich warnen die Schriften davor, daß es in unserer Zeit viele falsche Inkarnationen geben wird. Der Herr Jesus Christus machte seine Anhänger darauf aufmerksam, daß in der Zukunft viele Hochstapler sich für ihn ausgeben würden. In ähnlicher Weise warnt auch Srimad-Bhagavatam vor falschen Inkarnationen und bezeichnet sie als Glühwürmchen, die den Mond nachahmen wollen. Heute behaupten diese Hochstapler oft, ihre Lehre sei die gleiche wie die von Christus oder Krishna; aber jeder, der mit den Lehren Christi und Krishnas wirklich vertraut ist, erkennt das sofort als baren Unsinn" (*Back to Godhead,* Nr. 61, 1974, S. 24).

Auf diese Weise versucht die Hare-Krishna-Sekte, bestehend aus den Anhängern „Seiner Göttlichen Gnade" A. C. Bhaktivedanta Swami Prabhupada, Macht über schlichte Gemüter zu gewinnen. Sie stellen ihre obskuren und mysteriösen Schriften auf eine Stufe mit dem Wort Gottes.

Deshalb ist hier ein Wort der Ermahnung angebracht. Wir Christen glauben, daß die Bibel die endgültige und einzige verbale Offenbarung Gottes ist. Darum müssen wir uns heute mit größerer Hingabe als je zuvor dem Studium des Wortes Gottes widmen.

Die geschickten Angriffe, denen die Bibel in unseren Tagen ausgesetzt ist, müssen von klar denkenden Christen aller Schichten abgewehrt werden. Es reicht nicht aus, die Bibel in andächtiger Verehrung zu bewahren und sie als den Prüfstein unseres Glaubens zu achten. Die Bibel ist das „Schwert des Geistes" und wird für uns zu einer wirksamen Waffe gegen satanische Angriffe werden, wenn wir die Lehre der Heiligen Schrift mit jeder Faser unserer Persönlichkeit aufnehmen.

Wer eine hohe Meinung von der Heiligen Schrift hat und sich dennoch nicht durch ernsthaftes, systematisches Bibelstudium eine solide Kenntnis der Wahrheit Gottes erarbeitet, der ist zumindest inkonsequent, wenn nicht sogar ein Heuchler. *Die schwerwiegendste Einzelursache für den Vormarsch der Sekten in unserer heutigen Welt ist die Unwissenheit der Christen über die Heilige Schrift.* Gleich danach kommt die fehlende Bereitschaft im Volk Gottes, die göttliche Wahrheit weiterzugeben, indem man denen, die noch nicht die Erlösung in Christus empfangen haben, das Evangelium bezeugt.

Was die heutige Christenheit also am nötigsten braucht, ist die Rückkehr zu einem sorgfältigen Studium des Wortes Gottes. Der Glaube, daß die Bibel die letztgültige Wahrheit ist, wird eine Folge eben dieses Bibelstudiums sein. Durch die intensive Beschäftigung mit der Heiligen Schrift werden Christen die Erfüllung der Verheißung erfahren: „Demnach kommt der Glaube aus der Predigt, die Predigt aber durch Gottes Wort" (Römer 10,17).

Es ist unbestritten, daß die Wahrheit sich dem aufrichtigen Verstand von selbst ausweist. Niemand, der aufmerksam in der biblischen Lehre forscht und sich die Schrift einprägt, wird die letztgültige Autorität des Wortes Gottes bezweifeln. Die Gemeinde Jesu wird dem machtvollen Angriff wachsender und einflußreicher Sekten nur widerstehen können, wenn Christen stark im Herrn werden durch die Kenntnis seines Wortes.

David barg das Wort Gottes in seinem Herzen, um den sündhaften Alternativen des Lebens zu widerstehen (vgl. Psalm 119,11). Das bedeutet, er lernte Teile der Bibel auswendig. Wir sollten dasselbe tun.

Das Leben eines Christen ist gegen alle Widerstände fest verankert, wenn es in einer immer tiefer werdenden Kenntnis der Heiligen Schrift wurzelt.

# Eine falsche Grundlage
der Erlösung

Was muß ich tun, um gerettet zu werden?

Tief in seinem Herzen stellt wirklich jeder Mensch auf der Erde diese Frage, die der Kerkermeister in Philippi zuerst in Worte faßte. Eine unstillbare Sehnsucht nach ewigem Leben und einer Heimat bei Gott verfolgt den Menschen von Geburt an und läßt ihn nie los. Möglicherweise gibt es Millionen, die sich das niemals eingestehen; dennoch ist da in jeder Seele dieses immer drängende Verlangen nach einer sicheren ewigen Wirklichkeit, nach einer Hoffnung über das Grab hinaus.

Dieses Verlangen nach Wirklichkeit ist der Brennstoff, aus dem sich das Wachstum der meisten heutigen Sekten nährt. Weil sie ihre Anhänger in irgendeiner Form ausbeuten, verdunkeln die Sekten ausnahmslos die Wahrheit und bieten Erlösung nicht als unverdientes Geschenk, das uns durch die Gnade Jesu Christi zuteil wird, sondern auf irgendeiner anderen Grundlage an.

Was ist die wahre Grundlage der Erlösung?

Aus den Schriften des Neuen Testamentes geht klar hervor, daß der Mensch ausschließlich aufgrund des Glaubens an Jesus Christus in Ewigkeit errettet wird. Immer wieder stoßen wir dort auf diese große geistliche Wahrheit:

„Da wir nun durch den Glauben gerechtfertigt sind, so haben wir Frieden mit Gott durch unseren Herrn Jesus Christus" (Römer 5,1).

„Alle haben gesündigt und ermangeln der Herrlichkeit Gottes, so daß sie gerechtfertigt werden ohne Verdienst, durch seine Gnade, mittels der Erlösung, die in Christus Jesus ist. Ihn hat Gott zum Sühnopfer verordnet, durch sein Blut, für alle, die glauben, zum Erweis seiner Gerechtigkeit, wegen der Nachsicht mit den Sünden, die zuvor geschehen waren unter göttlicher Geduld" (Römer 3,23-25).

„So kommen wir zu dem Schluß, daß der Mensch durch den Glauben gerechtfertigt werde, ohne Gesetzeswerke" (Römer 3,28).

„Wer aber Werke verrichtet, dem wird der Lohn nicht als Gnade angerechnet, sondern nach Schuldigkeit; wer dagegen keine Werke verrichtet, sondern an den glaubt, der den Gottlosen rechtfertigt, dem wird sein Glaube als Gerechtigkeit angerechnet" (Römer 4,4-5).

„Da wir aber erkannt haben, daß der Mensch nicht aus Gesetzeswerken gerechtfertigt wird, sondern durch den Glauben an Jesus Christus, so sind auch wir an Christus Jesus gläubig geworden, damit wir aus dem Glauben an Christus gerechtfertigt würden, und nicht aus Gesetzeswerken, weil aus Gesetzeswerken kein Fleisch gerechtfertigt wird" (Galater 2,16).

„Denn durch die Gnade seid ihr gerettet, vermittels des Glaubens, und das nicht aus euch, Gottes Gabe ist es; nicht aus Werken, damit niemand sich rühme" (Epheser 2,8-9).

Diese und viele andere klare Aussagen des Neuen Testamentes zeigen unmißverständlich, daß die Grundlage der Erlösung allein in dem bereits vollendeten Werk Jesu Christi und unserem Glauben an dieses Werk besteht.

Alle anderen Arten angeblicher Erlösung, die sich auf menschliche Bemühungen stützen, sind nach der Schrift von Gott verflucht. „Denn alle, die aus Gesetzeswerken sind, die sind unter dem Fluch; denn es steht geschrieben: ‚Verflucht ist jeder, der nicht bleibt in allem, was im Buche des Gesetzes geschrieben steht, es zu tun.' Daß aber im Gesetz niemand vor Gott gerechtfertigt wird, ist offenbar; denn ‚der Gerechte wird aus Glauben leben' " (Galater 3,10-11).

Wie wunderbar ist die Botschaft des Evangeliums von der Gnade Gottes, die uns in der Heiligen Schrift verkündigt wird! Ein Mensch kann ohne Geld, ohne gute Werke, ohne großartige Versprechungen für die Zukunft zu Jesus Christus kommen und die Erlösung annehmen, die für ihn vollständig am Kreuz erworben wurde. Wenn er in demütigem Glauben kommt, empfängt er das ewige Leben als *Geschenk* Gottes. Und es ist genau das, ein kostenloses Geschenk. Wenn er an das Evangelium glaubt, empfängt er ewiges Leben und ist in den Augen Gottes gerechtfertigt.

Gerechtfertigt zu sein bedeutet natürlich, für gerecht *erklärt* zu sein. Das ist gewissermaßen eine juristische Veränderung der Einstellung Gottes gegenüber dem Sünder, die auf der Erlösungstat Jesu Christi beruht und von der individuellen Erfahrung des Gläubigen völlig unabhängig ist. Die wunderbare Veränderung, die im Leben des Gläubigen daraus erwachsen mag, ist nicht selbst die Erlösung, sondern die menschliche und veränderliche *Folge* dieses errettenden Glaubens. Ewige Erlösung wird dem Gläubigen zuteil, weil ihm Gerechtigkeit *angerechnet* wird. Angerechnete Gerechtigkeit ist Gerechtigkeit, die auf seinem Konto im Himmel verbucht wird.

Ein Christ kann im Laufe seines Lebens ein wunderbares Maß an persönlicher Gerechtigkeit entwickeln. Dabei hilft ihm auf machtvolle Weise der Heilige Geist Gottes, der in ihm wohnt. Der wahre Gläubige wird in der Furcht Gottes und unter der Leitung des Heiligen Geistes nach vollkommener Heiligung streben.

Diese persönliche Gerechtigkeit ist dennoch nicht die Grundlage seiner Erlösung. Er ist gerettet aufgrund *angerechneter* Gerechtigkeit. Diese wird ihm als Geschenk zuteil, das Christus durch sein vollkommenes Werk am Kreuz von Golgatha für einen unermeßlichen Preis erworben hat. Der Christ ist nicht wegen seiner eigenen guten Werke gerettet, sondern wegen des Erlösungswerkes Jesu Christi, der gestorben ist als „ein Gerechter für Ungerechte, auf daß er uns zu Gott führte" (1. Petrus 3,18). Der Gläubige erfährt den vollständigen Segen von Golgatha aufgrund der Gnade. Es ist die Gnade Gottes, der wir die Erlösung verdanken.

Keine Botschaft ist von den Vertretern der heutigen Sekten so wütend attackiert worden wie das Evangelium von der Gnade Gottes. Jesu Christi barmherziges Angebot, sündenbeladenen Menschen sein überfließendes Leben zu schenken, ohne irgendeine Gegenleistung dafür zu verlangen, erbost diejenigen, die die Menschen mit ihren religiösen Systemen versklaven wollen. Die professionellen Sektenvertreter bringt es zur Weißglut, daß Gott die Menschen ohne Verdienst errettet, nur durch seine Gnade.

Keine falsche Religion kann überleben, ohne daß es ihr gelingt, das Evangelium von der Gnade Gottes durch eine Erlösung auf der Grundlage menschlichen Bemühens zu verdrängen. Die paulinische Botschaft von der „Rechtfertigung durch den Glauben ohne Werke des Gesetzes" und das verdrehte Evangelium der Sektenanhänger vertragen sich nicht miteinander. Alle Sekten predigen ein „anderes Evangelium" und unterstehen deshalb dem Gericht Gottes.

Aber das hält ihre Vertreter nicht davon ab, weiterhin ihre zerstörerischen Lehren zu verbreiten, die statt zum Glauben an das vollendete Werk Jesu Christi am Kreuz auf irgendeinen anderen angeblichen Weg zur Erlösung führen.

Eine der populärsten Versionen ist die Lehre von der Erlösung durch Mitgliedschaft. Armstrongs „Weltweite Kirche Gottes" behauptet unverblümt, daß nur der gerettet wird, der als Mitglied zu dieser an Stabilität stetig verlierenden religiösen Organisation gehört.

Pseudo-christliche Gruppen aller Schattierungen verkünden immer wieder, es gebe „keine Erlösung außerhalb der Kirche", womit sie natürlich jeweils ihre eigene religiöse Splittergruppe meinen. Wer seine Mitgliedschaft nicht aufrechterhält, verliert seine Seele.

Andere geben noch merkwürdigere Erlösungsverheißungen, wie etwa die Erlösung durch erhabene Gesellschaft. So wird den neuen Jüngern Krishnas gesagt:

„Deshalb wird jemand, der intelligent genug ist, die Gesellschaft heiliger Menschen suchen, die sich von den Bindungen der materiellen Natur befreit haben und die fesselnden Knoten lösen können. Es nützt nichts, sich mit Leuten abzugeben, die nur der Befriedigung ihrer Sinne nachjagen. Wenn wir Befreiung wollen, wenn wir wirklich aus dieser unwirklichen Existenz herauswollen, müssen wir uns mit *Mahatmas* vereinigen, mit großen Seelen. Das einzige, was wir tun müssen, ist hören, *sravanam*; und indem wir einfach die Stimmen der großen Seelen hören, werden unsere Knoten der Unwissenheit zerschnitten. Einfach ‚Hare Krishna, Hare Krishna, Hare Krishna, Hare Hare / Hare Rama, Hare Rama, Rama Rama, Hare Hare' zu hören, wird uns erlösen" („Wir gehören Krishna", *Back to Godhead*, Nr. 46, S. 7).

Eine weitere Alternative zum Weg des Glaubens ist die Sektenlehre von der Erlösung durch gute Werke. In vielen dieser religiösen Systeme ist es ziemlich unerheblich, was ein Mensch *glaubt*; entscheidend ist, was er *tut*.

Es gibt zahllose verschiedene Versionen dieser Lehre. Manchmal kommt es auf die Jahre an, die man im Dienst für die Sekte verbracht hat, oder auf die wöchentliche Stundenzahl, auf Geldspenden, das regelmäßige Verrichten vorgeschriebener Gebete oder Gesänge; man könnte endlos fortfahren. Die Zahl der möglichen Verpflichtungen, denen man sich unterwerfen muß, sobald man sich von dem göttlichen Angebot der Erlösung durch Glauben allein abwendet, ist unüberschaubar.

Die Zeugen Jehovas glauben, daß die Grundlage, auf der sie am Ende des Tausendjährigen Reiches gerichtet werden, allein in den Werken besteht, die sie während dieser Zeit verrichten.

Nach der Auffassung der Christlichen Wissenschaft bedeutet Erlösung, gerettet zu werden von den Täuschungen und Trugbildern des sterblichen Sinnes — des Sinnes oder Gefühls, krank zu werden und zu sterben.

In der Anfangzeit des Mormonentums unterwarfen sich die Mormonenfrauen der erniedrigenden Praxis der Vielehe, weil sie überzeugt waren, daß ihre Erlösung davon abhing.

Die Unitarier glauben an die Erlösung durch Charakterbildung. Der Mensch soll den Weg zu Frieden und Bruderschaft durch die Entwicklung „moralischer Werte und geistlicher Einsichten" finden.

Nach Meinung der Theosophen wird der Mensch gerettet, indem er sein eigenes „Karma" bestimmt. Seine Taten aus einem früheren Leben bestimmen sein gegenwärtiges Schicksal, und von dem, was er jetzt tut, hängt ab, was im nächsten Leben aus ihm wird.

Schier endlos ist die Liste der Gruppen, die sich Erlösung durch inneres Licht, vollkommene Verwirklichung, transzendentales Denken oder dergleichen erhoffen. Alle diese menschlichen Bemühungen führen unvermeidlich zu bitterer Enttäuschung.

Hören wir als Kontrast zu all dem noch einmal die entschiedenen Worte des Paulus: „Wenn durch das Gesetz Gerechtigkeit kommt, so ist Christus vergeblich gestorben" (Galater 2,21). Stolze Menschen, die immer noch auf ihre eigene Fähigkeit vertrauen, Gutes zu vollbringen, durch das sie Gott gefallen und sich selbst erlösen können, sollten erneut auf die Worte Jesu Christi achten: „Und doch tut keiner von euch das Gesetz" (Johannes 7,19).

Unvermeidlich führt jede der trügerischen Sekten letzten Endes in menschliche Verzweiflung, Tod und ewige Verlorenheit. Millionen könnten vor dieser geistlichen Tragödie gerettet werden, wenn sie ihr Vertrauen einfach auf die Verheißung der Bibel setzen würden: „Glaube an den Herrn Jesus, so wirst du gerettet werden" (Apostelgeschichte 16,31). Es ist ein Trauerspiel, wenn irregeleitete Menschen einer falschen Hoffnung auf Erlösung nachjagen, während Jesus Christus alles das als Geschenk anbietet.

# Eine
# ungewisse Hoffnung

Eine Seele in Not ist eine unfreie Seele!

Wenn es einem religiösen Führer gelingt, einen Menschen in dauerhafter Seelennot zu halten, dann wird dieser Mensch zunehmend abhängig von ihm sein. Der religiöse Scharlatan wird darum jede Art von endgültiger Erlösung sorgfältig vermeiden. Statt dessen wird er jede Gewißheit der Erlösung in eine unabsehbare Zukunft hinausschieben, um seine Anhänger unter ständigem Druck zu halten.

Es sollte uns daher nicht überraschen, daß die Sekten nahezu durch die Bank betonen, niemand könne, solange er in dieser Welt lebt, seines ewigen Lebens gewiß sein. Die Frage der Erlösung wird niemals wirklich erledigt. Der Sektenanhänger lebt in der immerwährenden Furcht, nicht genug getan, gespendet, gebetet, verehrt zu haben, um seiner Erlösung sicher sein zu können.

Angesichts dessen könnte man auf den Gedanken kommen, daß für die Sekten Erlösung in Wirklichkeit gar kein Thema ist; daß es eigentlich darum geht, mit Hilfe von religiösen Philosophien und unerfüllbaren Forderungen schier endlose Opfer von ihren unglücklichen Anhängern zu verlangen.

Der Atheist Robert Ingersoll ist mit seiner Definition des Predigers dieser Art der Unterdrückung sehr nahegekommen: „Ein Prediger ist jemand, der für dein Wohlergehen im Jenseits sorgt, wenn du ihn im Diesseits dafür bezahlst." Das ist eine zynische, aber treffende Beschreibung eines falschen religiösen Führers, dem es gar nicht darum geht, Menschen zur Gewißheit der Erlösung zu verhelfen. Sein Geschäft hängt davon ab, daß seine Anhänger unfrei bleiben. Alles andere wäre sein Ruin.

Darum setzen die Sektenvertreter, die nur ihre Gier nach Macht, Geld oder Ehre befriedigen wollen, alles daran, ihren Anhängern schon heute die Gegenleistung für ein Versprechen, daß erst morgen eingelöst werden kann, zu entlocken. Ungewißheit ist eine bevorzugte Waffe der Sekten. Eine Sekte, die Heilsgewißheit oder die sichere Hoffnung auf ewiges Leben aufgrund der Tat eines anderen anböte, wäre kein geschäftlicher Erfolg.

Im Gegensatz dazu steht die wunderbare Verheißung des Neuen Testamentes. Die Bibel sagt dem gläubigen Christen eine sichere Erlösung zu. „Gelobt sei der Gott und Vater unseres Herrn Jesus Christus, der uns nach seiner großen Barmherzigkeit wiedergeboren hat zu einer lebendigen Hoffnung durch die Auferstehung Jesu Christi von den Toten, zu einem unvergänglichen und unbefleckten und unverwelklichen Erbe, das im Himmelreich aufbehalten wird für euch, die ihr in Gottes Macht durch den Glauben bewahrt werdet zu dem Heil, das bereit ist, geoffenbart zu werden in der letzten Zeit; in welcher ihr frohlocken werdet" (1. Petrus 1,3-6).

Der Christ ist „versiegelt mit dem Heiligen Geiste der Verheißung" (Epheser 1,13). Er ist im Besitz einer sicheren und festen Hoffnung (Hebräer 6,19).

Bei den Sekten gibt es eine solche Verheißung nicht. Weil sie nicht geistliche Freiheit, sondern dauerhafte Abhängigkeit wollen, halten sie ihre Anhänger in der hoffnungslosen Gefangenschaft einer stets unsicheren Beziehung zu Gott. Für ein Sektenmitglied gibt es immer noch mehr zu tun, mehr zu bezahlen, und die Gewißheit des ewigen Heils ist für ihn ebensowenig erreichbar wie das Ende des Regenbogens. Seine Hoffnung ist so unsicher, daß man sie kaum eine Hoffnung nennen kann.

Die Zeugen Jehovas verheißen die Wiedergeburt nur ihrem innersten Kreis der 144 000. Niemand weiß genau, wer zu diesem Kreis gehört oder was das Schicksal der anderen sein wird.

Die Gedankengänge der Theosophen sind so abstrakt, daß aus ihnen überhaupt keine Zuversicht abzuleiten ist.

Edgar Cayce vertröstet seine Anhänger auf ein zukünftiges Leben: „Da wir alle gesündigt haben und der Herrlichkeit Gottes ermangeln, wären wir verloren, wenn wir nur *ein* Leben lang Zeit hätten, das Wohlgefallen des Vaters zu erlangen."

Die Krishna-Jünger streben nach einem ungreifbaren Eingehen ins Göttliche, wobei niemand sicher sein kann, wo er in einem gegebenen Moment steht. Wer sein Leben im Krishna-Bewußtsein lebt, der wird, wenn er seinen Körper verläßt und an Krishna denkt, Seligkeit erlangen.

Jeder denkende Mensch, der die Verkündigung und die Schriften der Sekten sorgfältig untersucht, wird darin eine deprimierende Ziellosigkeit wahrnehmen. Wie auf einem endlosen Pfad, der nirgendwo hinführt, wird er immer weiter gelockt.

Den Sekten fehlt ganz allgemein eine theologische Struktur, die irgend jemandem die Gewißheit der Erlösung bieten könnte. Es wäre völlig unvorstellbar für sie, eine Aussage wie diese zu machen: „Denn ich bin überzeugt, daß weder Tod noch Leben, weder Engel noch Fürstentümer noch Gewalten, weder Gegenwärtiges noch Zukünftiges, weder Hohes noch Tiefes, noch irgendein anderes Geschöpf uns zu scheiden vermag von der Liebe Gottes, die in Christus Jesus ist, unsrem Herrn" (Römer 8,38-39).

Wie wunderbar ist der Gegensatz zwischen der zitternden Furcht der Sekten und den ermutigenden Worten des Apostels Paulus: „Ich weiß, wem ich mein Vertrauen geschenkt habe, und ich bin überzeugt, daß er mächtig ist, das mir anvertraute Gut zu verwahren bis auf jenen Tag" (2. Timotheus 1,12).

Viele Aussagen voller Zuversicht bezeugen, daß sich Paulus seines ewigen Lebens absolut sicher war: „Denn wir wissen, daß, wenn unsere irdische Zeltwohnung abgebrochen wird, wir einen Bau von Gott haben, ein Haus, nicht mit Händen gemacht, das ewig ist, im Himmel" (2. Korinther 5,1).

„Denn ich werde von beidem bedrängt: Ich habe Lust, abzu-scheiden und bei Christus zu sein, was auch viel besser wäre" (Philipper 1,23).

„Unser Bürgerrecht aber ist im Himmel, von woher wir auch als Retter den Herrn Jesus Christus erwarten, welcher den Leib unsrer Niedrigkeit umgestalten wird, daß er gleichgestaltet werde dem Leibe seiner Herrlichkeit, vermöge der Kraft, durch welche er sich auch alles untertan machen kann" (Philipper 3,20-21).

„Welcher uns errettet hat aus der Gewalt der Finsternis und versetzt in das Reich des Sohnes seiner Liebe" (Kolosser 1,13).

„Wenn Christus, euer Leben, offenbar werden wird, dann werdet auch ihr mit ihm offenbar werden in Herrlichkeit" (Kolosser 3,4).

„Danach werden wir, die wir leben und übrigbleiben, zugleich mit ihnen entrückt werden in Wolken, zur Begegnung mit dem Herrn, in die Luft, und also werden wir bei dem Herrn sein allezeit" (1. Thessalonicher 4,17).

Im Gegensatz zu der ungewissen Zukunft, die die Sekte bestenfalls bieten kann, bezeugt uns Paulus voller Freude, daß Christus „dem Tode die Macht genommen, aber Leben und Unvergänglichkeit ans Licht gebracht hat durch das Evangelium" (2. Timotheus 1,10).

Ein Sektenführer, der daran interessiert ist, daß seine Anhänger von ihm selbst abhängig sind und nicht durch den Glauben an Christus frei werden, wird ihnen wohl kaum diese Worte Christi einschärfen: „Meine Schafe hören meine Stimme, und ich kenne sie, und sie folgen mir nach. Und ich gebe ihnen ewiges Leben, und sie werden in Ewigkeit nicht umkommen, und niemand wird sie aus meiner Hand reißen. Mein Vater, der sie mir gegeben hat, ist größer als alle, und niemand kann sie aus meines Vaters Hand reißen" (Johannes 10,27-29).

Bemerkenswerterweise folgt unmittelbar auf diese Verheißung der Satz: „Da hoben die Juden wiederum Steine auf, um ihn zu steinigen." Natürliche Menschen, auch wenn sie religiöse Würdenträger sind, tun alles, um die vollkommene Zuversicht zu zerstören, die eine Beziehung zu Jesus Christus mit sich bringt. Der Grund liegt auf der Hand: *Sie leben von der Angst.*

Wer Angst hat, ist leicht auszubeuten. Die Methode der Sektenführer besteht darin, Menschen Angst einzuflößen und sie durch diese Angst in Abhängigkeit von ihrer jeweiligen religiösen Lehre zu versetzen. Die Versammlungsstätten der Sekten sind voll von verängstigten Menschen, deren Alptraum es ist, bei ihrer geistlichen Obrigkeit in Ungnade zu fallen. Nicht selten trifft man auf menschliche Wracks, die aus der völligen Hingabe an eine falsche Religion seelisch kaputt und hoffnungslos hervorgegangen sind.

Ihnen allen gilt die wunderbare Verheißung: „Wird euch nun der Sohn frei machen, so seid ihr wirklich frei" (Johannes 8,36).

# Ein
# falscher Messias

Nur Jesus Christus ist es wert, daß man ihm nachfolgt!

Die meisten heutigen Religionen verschließen die Augen vor dieser bedeutsamen Tatsache.

Die christliche Botschaft beinhaltet, daß Jesus Christus der Anfänger und Vollender unseres Glaubens ist (Hebräer 12,2). Er allein ist unser Hoherpriester (Hebräer 4,14). Er allein ist unser Mittler (1. Timotheus 2,5). Die Gemeinde ist der Leib Christi, und er ist ihr Haupt (Epheser 1,22-23).

Für den Christen ist Jesus Christus alles in allem (Kolosser 3,11). Johannes der Täufer, der Mann, den Gott dazu berief, ein Wegbereiter Jesu Christi zu sein, gibt uns dafür ein eindringliches Beispiel. Wegen seines besonderen Dienstes stand Johannes im Mittelpunkt des religiösen Interesses. Er gewann Anhänger. Manche der Fragen, die ihm gestellt wurden, zeigten, daß seine Zuhörer dazu neigten, ihm göttliche Eigenschaften zuzuschreiben und ihn zu ihrem Führer zu machen. Wie reagierte der Täufer darauf? Der Apostel Johannes berichtet darüber Erstaunliches:

„Und dies ist das Zeugnis des Johannes, als die Juden von Jerusalem Priester und Leviten sandten, um ihn zu fragen: Wer bist du? Und er bekannte und leugnete nicht; und er bekannte: Ich bin nicht der Christus! Und sie fragten ihn: Was denn? Bist du Elia? Er sprach: Ich bin's nicht! Bist du der Prophet? Er antwortete: Nein! Nun sprachen sie zu ihm: Wer bist du denn? damit wir denen Antwort geben, die uns gesandt haben. Was sagst du über dich selbst? Er sprach: Ich bin ‚eine Stimme, die da ruft in der Wüste: Ebnet den Weg des Herrn!' wie der Prophet Jesaja gesagt hat" (Johannes 1,19-23).

Johannes der Täufer mag durchaus die Versuchung gespürt haben, über sein wahres Wesen zumindest ein wenig geheimnisvoll zu tun. Wie erfrischend ist seine spontane, ehrliche Antwort: „Ich bin nicht der Christus!" Mit allem Nachdruck wies er jeden Versuch zurück, ihm messianische Eigenschaften zuzuschreiben. Er beharrte darauf, Jesus Christus zu erheben: „Dieser war es, von dem ich sagte: Der nach mir kommt, ist vor mir gewesen, denn er war eher als ich" (Johannes 1,15).

Johannes der Täufer gab uns ein nachahmenswertes Beispiel, indem er hartnäckig den Huldigungen und Lobesworten der ihm zujubelnden Menge um ihn her widersprach. Später kamen Leute zu ihm und informierten ihn, daß nun „jedermann" Jesus Christus nachfolge. Die Antwort des Johannes ist reine Demut:

„Ein Mensch kann nichts empfangen, es sei ihm denn vom Himmel gegeben. Ihr selbst bezeuget mir, daß ich gesagt habe: Nicht ich bin der Christus, sondern ich bin vor ihm hergesandt. Wer die Braut hat, der ist der Bräutigam; der Freund des Bräutigams aber, der dasteht und ihn hört, freut sich hoch über des Bräutigams Stimme. Diese meine Freude ist nun erfüllt. Er muß wachsen, ich aber muß abnehmen" (Johannes 3,27-30).

*„Er muß wachsen — ich muß abnehmen."* Zwischen diesem Satz und dem Leben und Wirken vieler heutiger religiöser Führer liegen Welten. Die Sekten sparen nicht mit ausdrücklichen oder versteckten Hinweisen auf ungewöhnliche göttliche Fähigkeiten ihrer Führer, die geeignet sind, ihre Anhänger zur Anbetung zu veranlassen.

1954 gründete San Myung Mun die „Gesellschaft zur Vereinigung des Weltchristentums". Dieser millionenschwere koreanische Sektenführer behauptet, weltweit Hunderttausende von Anhängern zu haben, denen er den Glauben suggeriert, er sei der „Herr der Wiederkunft", die Person, als die Jesus Christus zum zweiten Mal auf die Erde kommt. Mun ging aus einem presbyterianischen und pfingstlichen Hintergrund hervor und gründete seine Sekte auf eine neue Theologie, die ihn als die große Hoffnung der Menschheit präsentiert. Er und seine zweite Frau gelten als neuer Adam und neue Eva, und ihre Anhänger sind die „ersten Kinder einer neuen und vollkommenen Welt".

Richter Rutherford von den Zeugen Jehovas stellte sich selbst als „Gottes auserwähltes Gefäß" und die Wachtturm-Gesellschaft als die endgültige Quelle der Wahrheit dar.

Der Mormonengründer Joseph Smith behauptete, Johannes der Täufer habe ihm die Priesterschaft Aarons übertragen. Als ob das nicht genügen würde, fügte er später hinzu, daß er ein noch höheres Priesteramt, nämlich das des Melchisedek, von Petrus, Jakobus und Johannes empfangen habe. Seine Anhänger behaupten immer wieder, er habe mehr für die Erlösung der Welt getan als jeder andere Mensch, der je gelebt habe, mit Ausnahme von Jesus.

Der Gründer der „Scientology Kirche", L. Ron Hubbard, erhob den Anspruch, mehr Autorität als Jesus Christus oder die Bibel zu besitzen. Der Science-fiction-Autor versammelte eine Schar hingegebener Anhänger um sich, die ihm zu einem Millionenvermögen verhalfen.

Guru Maharaj Ji bezeichnet sich selbst als „vollkommenen Meister" und „Herrn des Universums", und Tausende von Anhängern in Amerika und in aller Welt glauben ihm das. Erheiterndnerweise mußte dieser erhabene Weltenherrscher als Minderjähriger die Erlaubnis eines Richters einholen, bevor er seine 24jährige Sekretärin heiraten konnte.

Meher Baba von der Bahai-Sekte sagte: „Es gibt keinen Zweifel daran, daß ich der personifizierte Gott bin … Ich bin der Christus … Ich sage unmißverständlich: ICH BIN unendliches Bewußtsein; ich sage das, weil ICH unendliches Bewußtsein BIN … Vor mir waren Zarathustra, Krishna, Rama, Buddha, Jesus und Mohammed … Meine gegenwärtige menschliche Form ist die letzte Inkarnation des Zeitzyklus, deshalb wird meine Manifestation die größte sein."

Es ist ein Kennzeichen für Sekten, daß sie die Person und die Worte eines menschlichen Führers auf eine messianische Stufe erheben. Ein Sektenmitglied wird sich unweigerlich nach kurzer Zeit auf sein Oberhaupt als höchste Autorität berufen, ob es nun Father Divine, Prophet Jones, Mary Baker Eddy, Richter Rutherford, Herbert Armstrong oder Buddha heißt. Kraft seiner Intelligenz und persönlichen Ausstrahlung zwingt der messianische Sektenführer seinem unwissenden Anhänger seine Gedanken und Vorschriften auf.

Der Erfolg dieser Methode bleibt gewöhnlich nicht aus, denn allzuvielen religiös veranlagten Menschen fehlt die nötige geistige Beweglichkeit, um selbständig zu denken. Sie suchen einen Führer, der ihnen alle Antworten gibt und ihre religiösen Bedürfnisse auf seine Person richten kann. Sie brauchen jemanden, der in Vollmacht und letztgültiger Autorität zu ihnen spricht.

Es kommt allzuoft vor, daß Menschen, die sich einer Religion angeschlossen haben, denjenigen, die sie zu diesem Glauben führten, eine unangebrachte Verehrung entgegenbringen. So mancher, der viele von seinem Glauben zu überzeugen vermochte, konnte der Versuchung nicht widerstehen, sich selbst so hervorzutun, daß sein erhabenes Bild in den Köpfen seiner hingegebenen Anhänger nicht verblaßt. Die Versuchung, sich aus einem schlichten Diener in einen erhabenen Messias zu verwandeln, kann für einen Führer mit starker Ausstrahlung sehr groß sein.

Möglicherweise haben viele Sektenführer als demütige Menschen angefangen und sind erst später auf den Gedanken gekommen, jemand Besonderes zu sein. Dann jedoch stellten sie ihren eigenen Namen überall in den Mittelpunkt und machten sich selbst unentbehrlich für den Glauben ihrer Anhänger. Oft wissen sie dann den Schein der Demut nach außen hin geschickt zu wahren, während sie in Wirklichkeit Riesensummen darauf verwenden, ihren Namen bei ihren Anhängern ins rechte Licht zu rücken. „Meine Leute brauchen mich", sagen sie, „und sie sollen mich auch haben — wenn sie dafür bezahlen."

Niemals sollte ein Christ diesen Fehler begehen. Er weiß, daß alle gesündigt haben und der Herrlichkeit Gottes ermangeln. Er weiß, daß jeder Christ, der geringste ebenso wie der größte, ohne die *unverdiente* Gnade Jesu Christi der Sünde verfallen und verloren wäre. Er kennt die Worte des Apostels: „Aber durch Gottes Gnade bin ich, was ich bin" (1. Korinther 15,10).

Der Christ kennt keinen höchsten menschlichen Führer außer Jesus Christus. Daran hat Christus selbst keinen Zweifel gelassen, als er sagte: „Ihr aber sollt euch nicht Rabbi nennen lassen, denn *einer* ist euer Meister, Christus; ihr aber seid alle Brüder. Nennet auch niemand auf Erden euren Vater; denn *einer* ist euer Vater, der himmlische. Auch sollt ihr euch nicht Lehrer nennen lassen; denn *einer* ist euer Lehrer, Christus. Der Größte aber unter euch soll euer Diener sein" (Matthäus 23,8-11).

Die Nachfolger Christi herrschen nicht übereinander, sondern sie verhalten sich zueinander wie die Glieder eines Leibes. Sie sollen einander dienen (Galater 5,13). Sie sollen sich einander unterordnen (1. Korinther 16,16). Die Schrift bezeichnet Christen, die sich selbst als Anhänger eines menschlichen Führers sehen, eindeutig als fleischlich. „Denn ihr seid noch fleischlich. Solange nämlich Eifersucht und Zank und Zwietracht unter euch sind, seid ihr da nicht fleischlich und wandelt nach Menschenweise? Denn wenn einer sagt: Ich halte zu Paulus, der andere aber: Ich zu Apollos! — seid ihr da nicht fleischlich?" (1. Korinther 3,3-4). Sogar Paulus sagte, als er an Timotheus schrieb, voller Demut: „Bedenke, was ich dir sage! Denn der Herr wird dir Einsicht in alles geben" (2. Timotheus 2,7).

Darum begeht jeder, der ein wahrer Christ sein will, einen schweren Fehler, wenn er sich nach dem Namen eines menschlichen Führers benennt. Die Schrift sagt: „Ihr seid teuer erkauft; werdet nicht der Menschen Knechte" (1. Korinther 7,23). Die Aufgabe eines Christen ist es, Gott zu verherrlichen (1. Korinther 6,20) und mit großer Sorgfalt darauf zu achten, nicht einem Menschen zuviel Ehre zu geben.

Nur wenige von uns werden in ihrem ganzen Leben mehr als zwei oder drei wirklich großen Menschen begegnen, und wahrscheinlich wird keiner davon jünger als siebzig Jahre sein. Übrigens ist es bemerkenswert, wie viele „große" Männer des Alten Testamentes in Wirklichkeit nur für eine kurze Zeit wirklich groß waren und dann als Toren starben. Die Geschichten von Simson, David, Salomo und vielen anderen großen Gestalten der Bibel sind Geschichten von *Menschen*, wie sie leibten und lebten. Was aus dem Fleisch geboren ist, das ist Fleisch, und keine mystische Selbstvergötterung wird je etwas daran ändern.

Gerade in unserer Zeit müssen geistliche Führer in dieser Beziehung große Vorsicht walten lassen. Sie müssen sich entschlossen dagegen wehren, wenn Bewunderer mehr von ihnen als von Jesus Christus fasziniert sind.

Darin haben sie nur dem Beispiel unseres Herrn selbst zu folgen, der „sich selbst entäußerte, die Gestalt eines Knechtes annahm und den Menschen ähnlich wurde, und in seiner äußeren Erscheinung wie ein Mensch erfunden, sich selbst erniedrigte und gehorsam wurde bis zum Tod, ja bis zum Kreuzestod" (Philipper 2,7-8). Derselbe Herr Jesus sagte: „Wer aus sich selbst redet, der sucht seine eigene Ehre" (Johannes 7,18). Diese Kritik hat er den religiösen Führern seiner eigenen Zeit nicht erspart: „Denn die Ehre der Menschen war ihnen lieber als die Ehre Gottes" (Johannes 12,43).

Wer Jesus Christus wirkungsvoll dienen möchte, darf nie die ernsten Worte seines Herrn vergessen: „Wahrlich, wahrlich, ich sage euch, der Knecht ist nicht größer als sein Herr, noch der Gesandte größer als der ihn gesandt hat. Wenn ihr solches wisset, selig seid ihr, so ihr es tut" (Johannes 13,16-17).

Wem die Verehrung einer menschlichen Anhängerschaft erstrebenswert erscheint, sollte sich an die Wankelmütigkeit der Menge erinnern. Paulus mußte letzten Endes an seine Anhänger in Galatien schreiben: „Bin ich also euer Feind geworden, weil ich euch die Wahrheit sage?" (Galater 4,16).

Eine ähnliche Warnung gibt uns auch Jesus Christus: „Wehe euch, wenn alle Leute wohl von euch reden! Ebenso taten ihre Väter den falschen Propheten" (Lukas 6,26). Und an einer

48

anderen Stelle: „Selig seid ihr, wenn sie euch schmähen und verfolgen und lügnerisch allerlei Arges wider euch reden um meinetwillen" (Matthäus 5,11). Es ist also nicht der Beifall der Menge, der den wahren Diener Jesu Christi ausweist. Im Gegenteil, er muß eher bereit sein, nötigenfalls gegen den Strom der Masse zu schwimmen und wie Christus selbst Schmach und Ablehnung zu erleiden.

Ein anderer Typ des falschen Messias in der heutigen religiösen Landschaft erhebt den Anspruch, bei Gott besonderes Gehör zu besitzen. Sie appellieren an ihre Anhänger: „Glaubt an meine Gebete! Gebt mir die Möglichkeit, für euch zu beten!" Es ist eine bei vielen Sekten verbreitete Anmaßung, daß der jeweilige Führer aufgrund seiner besonderen Gaben oder seines heiligen Lebenswandels vor dem Thron Gottes einen gewichtigen Einfluß haben soll. Der Anspruch mancher geistlicher Führer, besondere Gebetsgaben zu besitzen, ist ein grausames Mittel, durch das Millionen gutgläubiger Anhänger in die Versklavung gelockt und sodann rücksichtslos ausgebeutet wurden. Im Neuen Testament hat diese schändliche, falsche Lehre keinerlei Grundlage.

Im Gegensatz zu dem irrlehrerischen Gedanken einer „besonderen Gebetsbegabung" meinte Jesus *jeden* Gläubigen, als er sagte: „Was ihr auch in meinem Namen bitten werdet, will ich tun" (Johannes 14,13). Einer der Grundpfeiler des protestantischen Christentums ist die gesunde biblische Lehre vom Priestertum aller Gläubigen. Aus dem Neuen Testament geht klar hervor, daß jeder Mensch, der durch den Glauben an Jesus Christus gerechtfertigt ist, im Gebet Zugang zum Vater hat und keinen menschlichen Vermittler braucht.

Christen müssen heute die Lehre vom allgemeinen Priestertum neu entdecken und wieder stärker betonen. Wenn wir hier nicht mit Nachdruck an der gesunden Lehre festhalten, wird die Neigung der geistlichen Führer, sich einen besonders guten Draht zu Gott anzumaßen, eine neue religiöse Hierarchie hervorbringen, die noch verderblicher ist als die, von der wir befreit wurden.

*Niemand* hat anderen gegenüber bei Gott eine Vorzugsstellung außer Jesus Christus. *Niemand hat überhaupt Zugang zu Gott ohne Jesus Christus, und in ihm* sind wir alle gleichermaßen willkommen vor dem Thron der Gnade. Eine der großartigsten Verheißungen der Bibel an alle Gläubigen lautet: „Denn es ist ein Gott und ein Mittler zwischen Gott und den Menschen, der Mensch Christus Jesus" (1. Timotheus 2,5).

Der Hebräerbrief enthält eine mutmachende Zusage an jedes Kind Gottes: „Da wir nun einen großen Hohenpriester haben, der die Himmel durchschritten hat, Jesus, den Sohn Gottes, so lasset uns festhalten an dem Bekenntnis! Denn wir haben nicht einen Hohenpriester, der kein Mitleid haben könnte mit unsren Schwachheiten, sondern der in allem gleich wie wir versucht worden ist, doch ohne Sünde. So lasset uns nun mit Freimütigkeit hinzutreten zum Thron der Gnade, damit wir Barmherzigkeit erlangen und Gnade finden zu rechtzeitiger Hilfe" (Hebräer 4,14-16).

Jeder, der an Jesus Christus glaubt, ist selbst ein Priester und hat aufgrund des Werkes unseres großen Hohenpriesters Jesus Christus Zugang zum Vater. „Da wir nun, ihr Brüder, kraft des Blutes Jesu Freimütigkeit haben zum Eingang in das Heiligtum, welchen er uns eingeweiht hat als neuen und lebendigen Weg durch den Vorhang hindurch, das heißt, durch sein Fleisch, und einen so großen Priester über das Haus Gottes haben, so lasset uns hinzutreten mit wahrhaftigem Herzen, in voller Glaubenszuversicht, durch Besprengung der Herzen los vom bösen Gewissen" (Hebräer 10,19-22).

Wer diese wunderbare Einladung der Schrift annimmt, wird nie wieder auf irgendeinen falschen Messias und seine arrogante Anmaßung einer besonderen Gebetsbeziehung zu Gott hereinfallen. Er wird sich nicht mehr auf die Gebete eines anderen verlassen, wenn er Probleme hat, sondern mit dem Herrn selbst auf einem neuen und lebendigen Weg in das Heiligtum eintreten. Wenn er dazu noch der Gebete anderer bedarf, kann er sich mit seinen gleichgestellten gläubigen Freunden vor dem Thron der Gnade versammeln. Es bedeutet viel mehr, wenn Gläubige gemeinsam mit Jesus Christus vor Gott treten, als wenn irgendwo weit entfernt jemand seine Hände einem Stapel Briefe auflegt.

Paulus betete darum, daß die Christen ihren persönlichen Zugang zu Gott und die wunderbaren Kraftquellen begreifen, die sich ihnen durch die persönliche Beziehung zum Herrn erschließen:

„Darum lasse auch ich, nachdem ich von eurem Glauben an den Herrn Jesus und von der Liebe zu allen Heiligen gehört habe, nicht ab, für euch zu danken und in meinen Gebeten euer zu gedenken, daß der Gott unseres Herrn Jesus Christus, der Vater der Herrlichkeit, euch den Geist der Weisheit und Offenbarung gebe in der Erkenntnis seiner selbst, erleuchtete Augen des Herzens, damit ihr wißt, welches die Hoffnung seiner Berufung und welches der Reichtum der Herrlichkeit seines Erbes in den Heiligen sei, welches auch die überwältigende Größe seiner Macht sei an uns, die wir glauben, vermöge der Wirksamkeit der Macht seiner Stärke" (Epheser 1,15-19).

An einer anderen Stelle desselben Briefes spricht Paulus von seinem Gebet, daß wir alle *„mit allen Heiligen* zu begreifen" vermögen, „welches die Breite, die Länge, die Höhe und die Tiefe sei, und die Liebe Christi" erkennen, „die doch alle Erkenntnis übertrifft" (Epheser 3,18-19). Niemand kann die Demut und die behutsame geistliche Fürsorge übersehen, mit der sich der Apostel Paulus hier bemüht, jeden einzelnen Gläubigen zu geistlicher Reife zu führen und ihm die Vorrechte, die er vom Herrn empfangen hat, in vollem Umfang bewußt zu machen.

Die Gemeinde Jesu Christi muß von neuem verstehen und deutlich machen, worin die Bestimmung jedes einzelnen Gläubigen liegt. Zwischen dem Christen und seinem Herrn besteht eine persönliche Beziehung. Diese Beziehung wird erhalten durch den Heiligen Geist, der unabhängig von irgendeinem menschlichen Vermittler im Herzen jedes Gläubigen wohnt.

Im wahren Christentum ist kein Priester, kein Schamane, kein Ratgeber, kein menschlicher Fürsprecher notwendig zwischen dem Herzen des Gläubigen und dem Herzen Gottes. Die Bibel lädt jeden Christen ein: „Sorget um nichts; sondern in allem lasset durch Gebet und Flehen mit Danksagung eure Anliegen vor Gott kundwerden" (Philipper 4,6).

Jeder Gläubige darf also eine wachsende *persönliche* Beziehung zu seinem Herrn entwickeln. Die Botschaft des Neuen Testamentes ist sehr klar. Ein Christ muß im Laufe seines Lebens von der Abhängigkeit von menschlicher Führerschaft zur Unabhängigkeit fortschreiten, in Richtung auf eine wachsende persönliche Beziehung zum Herrn selbst.

Die Sektenszene steht dazu in einem erschreckenden Gegensatz. Sektenführer setzen alles daran, andere von sich abhängig zu machen. Es ist kennzeichnend für sie, daß sie sich selbst im Leben derer, die sich in ihrem Netz gefangen haben, unentbehrlich machen. Möglich ist das freilich nur deshalb, weil viele Menschen nicht wissen, was das Wort Gottes lehrt: nicht „unfehlbaren" menschlichen Führern soll man sich zuwenden, sondern Jesus Christus, der allein das Haupt seiner Gemeinde ist.

Wenn ein Mensch, der nach dem Bilde Gottes geschaffen wurde, in seinem religiösen Leben zu einer fremdbestimmten Marionette wird, dann verfehlt er das Ziel, das ihm gesetzt ist. Religiöse Gedankengebäude, die darauf hinauslaufen, statt wahren Nachfolgern Jesu Christi Knechte menschlicher Herren hervorzubringen, stellen Gottes Ordnung auf den Kopf. Jesus Christus hat diese satanische Neigung ein für allemal zurückgewiesen, als er sagte: „Denn es steht geschrieben: ‚Du sollst den Herrn, deinen Gott, anbeten und ihm allein dienen' " (Lukas 4,8).

Häufig bekräftigt ein Sektenführer seinen anmaßenden Führungsanspruch auch dadurch, daß er sich als alleinigen Träger einer göttlichen Wahrheit darstellt. Er redet oft über „meine Botschaft, meine Offenbarung, meine Führerschaft, meine Leute". Damit versucht er, den täuschenden Eindruck zu erwecken, er sei der wahre Hüter irgendeiner vertraulichen Offenbarung Gottes. Darüber haben wir in der Schrift die klare

Weisung, „daß keine Weissagung der Schrift ein Werk eigener Deutung ist" (2. Petrus 1,20).

Wahre geistliche Leiter sollten dem Apostel Paulus nacheifern, der darauf achtete, niemals andere an sich selbst zu binden. Es gibt leider allzu wenige Führer im Bereich der Religionen, die mit ihm sagen könnten: „Denn wir wollen nicht Herren sein über euren Glauben, sondern Gehilfen eurer Freude; denn ihr stehet im Glauben" (2. Korinther 1,24).

Paulus vergaß nie, jeden Christen daran zu erinnern, daß er selbst in Jesus Christus „Weisheit, Gerechtigkeit, Heiligung und Erlösung" besitzt. Auch über alles andere, was er braucht, verfügt der Gläubige — ohne die Hilfe irgendwelcher Gurus. „Und wiederum: ‚Der Herr kennt die Gedanken der Weisen, daß sie eitel sind.' So brüste sich nun niemand mit Menschen; denn alles ist euer: es sei Paulus oder Apollos, Kephas oder die Welt, das Leben oder der Tod, das Gegenwärtige oder das Zukünftige; alles ist euer; ihr aber seid Christi, Christus aber ist Gottes" (1. Korinther 3,20-23).

Jeder einzelne Christ besitzt selbst die göttliche Wahrheit, wenn er das Wort Gottes in der Hand hält. Wahre christliche Leidenschaft dient dem Zweck, jedem Kind Gottes soviel Reife zu vermitteln, daß es die Bibel selbständig studieren kann und von der dauerhaften Abhängigkeit von einem menschlichen Lehrer frei ist.

Nur Jesus Christus ist es wert, daß man ihm nachfolgt.

# Eine
# unklare Lehre

Wenn die Posaune keinen klaren Ton gibt, wer wird sich für die Schlacht rüsten?

Die Antwort auf diese biblische Frage ist: Erstaunlicherweise gibt es eine Menge Leute, die es tun. Immer mehr Menschen in unserer Generation halten unklare Töne für schöne Musik. Unklarheit ist für sie nur eine andere Form von Klarheit, und Vieldeutigkeit ist befriedigender für ihren Verstand als alles Konkrete.

Daß solche Leute sich zu den unklaren Lehren der Sekten hingezogen fühlen, ist also kein Wunder. Unklare Lehre ist ein Kennzeichen der Sekten. Die interessanten und oftmals erheiternden Veränderungen in den Lehren der Sekten sind eines ihrer faszinierendsten Merkmale. Diese Lehren verändern sich ständig, um neuen Situationen gerecht zu werden, neuen Argumenten zu begegnen oder schlicht den plötzlichen Eingebungen der Sektenführer zu folgen. Sie wissen nichts von der biblischen Ermahnung, daß „wir nicht mehr Unmündige seien, umhergeworfen und herumgetrieben von jedem Wind der Lehre, durch die Spielerei der Menschen, durch die Schlauheit, mit der sie zum Irrtum verführen" (Epheser 4,14). Die Schrift lehrt klar, daß das geschickte Ändern der Lehre ein schlau angewandtes Mittel derer ist, die unter arglosen Gemütern leichte Beute suchen.

Dafür gibt es zahlreiche Beispiele. Die „Christliche Wissenschaft" gab zu Lebzeiten ihrer Gründerin Mary Baker Eddy und danach beinahe jedes Jahr eine neue Auflage ihres Buches „Wissenschaft und Gesundheit mit Schlüssel zur Heiligen

Schrift" heraus. Die jährliche Überarbeitung machte es möglich, die allzu offensichtlichen Widersprüche und absurden Lehren vergangener Ausgaben ständig den Anforderungen der Gegenwart anzupassen.

Guru Maharaj Ji sagt: „Seid ihr durstig? Seht ihr dieses Foto des Herrn Shiva? Seht ihr das Wasser aus seinem Haupt hervorsprudeln? Trinkt dieses Wasser. Trinkt, trinkt! Könnt ihr es trinken? Ihr könnt dieses Wasser nicht trinken. Es ist nur ein Bild. Ihr braucht etwas wirklich Lebendiges. Wenn ihr Zweifel habt, könnt ihr dem Herrn Krishna keine Fragen stellen. Darum braucht ihr einen lebenden Meister für die Verhältnisse der heutigen Welt. Als Jesus hier war, gab es keine Atombomben. Aber jetzt gibt es Atombomben, und der Vollkommene Meister, der Vollkommene Erlöser, ist gekommen, um euch vor den Atombomben zu retten."

Diesem sonderbaren religiösen Führer, der in den Vereinigten Staaten im Alter von sechzehn Jahren bekannt wurde, stellte man die Frage: „Welche Rolle spielt das Mantra für die Meditation?"

Seine klare, präzise Antwort lautete: „Nichts, nichts. Es bringt einfach die Zunge in Bewegung, das ist alles. Läßt den Geist in eine andere Richtung flackern, das ist alles. Aber der Geist flackert immer noch. Wenn ich dreimal ‚Ram, Rrrr-Aaaa-Ma' sage, dann flackert mein Geist in einem einzigen Wort: ‚Ram'. Wenn dein Geist mehr flackert, hat es keinen Zweck, es hilft nicht. Das ist die Frage, die ich den Leuten stelle: ‚Heute sagt ihr Ram, aber was haben die Leute gesagt, bevor Ram geboren wurde?' ‚Chanten' ist eine äußerliche Sache, verstehst du?"

Ein nüchterner Verstand kann mit dergleichen natürlich nicht das geringste anfangen. Das Wort „Lehre" hat in jenen Fiebersümpfen des Geistes, in denen sich die Sekten ansiedeln, keinerlei Bedeutung, denn unter Lehre versteht man eine systematische Erschließung und Darstellung der Wahrheit. In diesem Sinne ist Lehre ein einzigartiges Merkmal des verfaßten Christentums.

Was dagegen in den Sekten als Lehre bezeichnet wird, ist eher eine unausgegorene Ansammlung unzusammenhängender Gedanken und Praktiken, die nur den Verstand verwirren und die Gefühle ebenso. Gott gab uns die Gefühle, damit wir Befriedigung, Glück und Freude über das Verstehen der Wahrheit und die Erfüllung unserer Pflicht empfinden können. Gefühle sollten nie ein Selbstzweck sein; als Hüter der Wahrheit sind sie völlig unzuverlässig. Darum wird jede Religion, die die rationale, nüchterne Lehre zu umgehen versucht und sich auf die Gefühle stützt, unweigerlich betrügen statt zu erleuchten.

„Chanten", mit erhobenen Händen das Tamburin schlagen, eintönige kleine Melodien endlos wiederholen, stundenlang ein Wort vor sich hinmurmeln, das angeblich für Gott, Freude oder Frieden steht — all diese Praktiken stehen unterhalb der Ebene der Vernunft. Sie sind darauf angelegt, auf den Saiten des Gefühls zu spielen und die Illusion einer religiösen Erfahrung zu erzeugen, die aber in Wirklichkeit nichts anderes ist als ein inhaltsloser Gefühlseindruck. Christus machte deutlich, daß Gott uns nicht deswegen hört, weil wir viele Worte machen. Die Sekten, deren Anhänger ohnehin nicht wirklich zu Gott sprechen, überhören diese Ermahnung geflissentlich.

Auch bei den Krishna-Anhängern spielt „Chanten" eine große Rolle. Sie glauben, ihr eintöniger Singsang sei der Weg zur vollkommenen Erkenntnis und der Schlüssel zur Erlösung.

„Das Chanten des *maha-mantra* — Hare Krishna, Hare Krishna, Krishna Krishna, Hare Hare / Hare Rama, Hare Rama, Rama Rama, Hare Hare — ist in diesem Zeitalter der beste Weg zur Erkenntnis des wahren Selbst. *Man* bedeutet Geist, und *tra* bedeutet Befreiung. Ein *mantra* ist also ein Chant, der dazu dient, den Geist von allen störenden Gedanken zu befreien. *Maha* heißt groß. Das *maha-mantra* des Hare Krishna ist der große Chant, um den Geist von allen störenden Gedanken zu befreien, die uns daran hindern, unser wahres Selbst zu erkennen. Ursprünglich war unser Bewußtsein reines Bewußtsein, Krishna Bewußtsein; aber heute ist unser Geist durch die Verbindung mit der materiellen Natur mit unreinen Gedanken angefüllt" (*Back to Godhead*, Nr. 46, S. 1).

Diese Ansammlung geistlicher Abstraktionen ähnelt dem Hinduismus, der in Indien Armut und Elend über Millionen Menschen gebracht hat. Heute wird sie in der ganzen westlichen Welt gepredigt. Sie geht zurück auf „Seine Göttliche Gnade A. C. Bhaktivedanta Swami Prabhupada", den spirituellen Meister der „Internationalen Gesellschaft für Krishna-Bewußtsein".

Die von dieser Gesellschaft herausgegebene Zeitschrift *Back to Godhead* sagt über Prabhupada: „In seiner Barmherzigkeit hat er der Welt das Chanten des Hare Krishna geschenkt, so daß jeder sein ursprüngliches, freudevolles Bewußtsein wiedererlangen und in Frieden und Glück leben kann. Indem wir diese heiligen Namen singen, stellen wir unsere verlorene Verbindung mit dem Höchsten wieder her und genießen unser wahres Leben, das voll ist von Ewigkeit, Wissen und Seligkeit. Srila Prabhupada bat uns: ‚Bitte singt diese heiligen Namen des Herrn. Euer Leben wird erhaben werden.' "

Bei den alten und neuen Sekten gibt es eine Fülle von Beispielen für unklare Lehren. Noch niemals in der Weltgeschichte sind den Menschen so viele verwirrende und widersprüchliche religiöse Aussagen als unverbrüchliche Wahrheit angeboten worden. Jeder Versuch, die Botschaften und Lehren der modernen Sekten mit logischem Verstand zu erfassen, endet in heilloser Verwirrung.

Diese Unverständlichkeit ist für die Sekten eine äußerst nützliche Waffe. Die Sektenvertreter wenden sich in Wirklichkeit gar nicht an den Verstand; sie versuchen eher, den Verstand zu umgehen und die religiösen Empfindungen anzusprechen. Im Grunde sagen sich die Anhänger folgendes: „Vergiß, was er sagt; *fühlst* du nicht die Schwingungen? Spürst du nicht die göttliche Gegenwart, wenn der Guru zu uns spricht?"

Um Zweifeln an dieser „göttlichen Gegenwart" entgegenzutreten, nennt man sie dann immer *höhere* Erkenntnis oder *tiefere* Wahrheit oder gebraucht irgendein anderes Adjektiv, um ihren irrationalen Charakter zu verschleiern. Die Bekehrten sollen nicht verstehen, sie sollen fühlen. Begriffe wie „Erkenntnis des wahren Selbst" und Schlagworte wie Liebe, Friede, Freude stehen hoch im Kurs. Die Worte der Sekten sind das Produkt einer sinnentleerten Sprache. Sie haben keine wirkliche Bedeutung. Sie sind zu reinen Gefühlsauslösern verkümmert und können mit jeder beliebigen Bedeutung gefüllt werden. Was ihren Sprachgebrauch angeht, leugnen die Sektenvertreter in der Praxis die Existenz objektiver Werte.

Im Gegensatz dazu war unser Herr Jesus Christus sehr sorgfältig in der Wahl seiner Worte. Die Folge war, daß diejenigen, die ihm zuhörten, hinterher sagten, sie hätten noch niemals jemanden so reden hören wie diesen Mann. Christus machte uns eindringlich darauf aufmerksam, wie wichtig es ist, die Worte richtig und ihrer wahren Bedeutung gemäß zu gebrauchen: „Denn nach deinen Worten wirst du gerechtfertigt, und nach deinen Worten wirst du verurteilt werden" (Matthäus 12,37).

Darum wird im Wort Gottes jede Unklarheit sorgfältig vermieden. Der Gegensatz zwischen den verwirrenden, unklaren Lehren der Sekten und dem wahren Christentum ist nicht zu übersehen. Nichts könnte klarer sein als die biblische Forderung nach gesunder Lehre. Die Schriften des Neuen Testamentes widmen sich einer gründlichen Darstellung der Wahrheit Gottes.

Anders als andere Religionen bemüht sich das Christentum auch um kleine Einzelheiten aller Art. Die Bibel ist voll von genauen Ortsbezeichnungen, zeitgeschichtlichen Angaben und wörtlichen Zitaten. Wie kein anderes Buch der Welt geht die Bibel kleinsten historischen Details nach.

Dazu kommt, daß wichtige theologische Aussagen immer wieder von allen Seiten beleuchtet werden, so daß über die Bedeutung schlechterdings kein Zweifel bestehen kann. Die Darstellung des Evangeliums ist so klar und ausführlich, wie man es sich nur wünschen kann.

Die Klarheit der Glaubensinhalte ist also ein Kennzeichen wahren Christentums. Jesus sagte: „Ich bin das Licht der Welt. Wer mir nachfolgt, wird nicht in der Finsternis wandeln, sondern er wird das Licht des Lebens haben" (Johannes 8,12).

Der Christ, der das Wort Gottes studiert, gelangt zu geistlicher Reife und wird fähig, den Glauben zu verteidigen und sogar andere zu lehren. Die klaren Aussagen der Heiligen Schrift waren und sind ohne weiteres völlig verständlich für die treuen Menschen, die sie von Person zu Person, von Ort zu Ort und von Jahrhundert zu Jahrhundert weitergegeben haben. Paulus schrieb: „Und was du von mir gehört hast durch viele Zeugen, das vertraue treuen Menschen an, welche fähig sein werden, auch andere zu lehren" (2. Timotheus 2,2).

Das Wort Gottes warnt nachdrücklich davor, daß eine Zeit kommen wird, „da sie die gesunde Lehre nicht ertragen, sondern sich nach ihren eigenen Lüsten Lehrer anhäufen werden, weil sie empfindliche Ohren haben; und sie werden ihre Ohren von der Wahrheit abwenden und sich den Fabeln zuwenden" (2. Timotheus 4,3-4).

„Fabeln" sind nach der Voraussage der Schrift ein Kennzeichen der Sekten. Man kann den Sektenvertretern in Rundfunk und Fernsehen endlos zuhören und doch nie ganz sicher sein, worüber sie eigentlich reden. Sie stellen Fragen, die sie nicht beantworten. Der Versuch, genau herauszufinden, was ein Sektenvertreter meint mit dem, was er sagt, bleibt allzu häufig eine fruchtlose Bemühung. Man findet die Antwort oft nicht einmal dann, wenn man Hunderte von Seiten seiner Schriften durcharbeitet. Die Verwirrung wird dadurch eher noch größer.

Das entspricht durchaus der Absicht der Sektenführer; sie wollen verwirren, nicht klären. Weil sie selbst verwirrt sind, können sie nur Staub aufwirbeln, damit er anderen in die Augen gerät. Es ist fast unmöglich, zu verstehen, was ein Zeuge Jehovas über Gott, die Inspiration der Bibel, die Ewigkeit und vieles andere glaubt.

Herbert W. Armstrongs Versuch, das Wesen der Gottheit zu beschreiben, ist ein Musterbeispiel an Undurchschaubarkeit.

Am Ende kommt man zu dem Ergebnis, daß wir gar ein Teil von Gott werden sollen — wahrhaftig eine erschreckende Irrlehre.

Wer kann begreifen, wovon die „Inner Peace"-Bewegung eigentlich spricht?

Die Sekten scheuen die objektive, klare Wahrheit, wie sie in der Bibel zu finden ist. Sie verstecken sich hinter den Bäumen eines endlosen Dschungels philosophischer Auseinandersetzungen. Die Auseinandersetzung selbst ist für sie schon die Wahrheit. Letztlich ist nichts sicher zu erkennen, weil alle Dinge relativ sind. Dies sind wahrhaftig Leute, die „immerdar lernen und doch nie zur Erkenntnis der Wahrheit kommen können" (2. Timotheus 3,7).

Im Leben Christi gibt es eine Begebenheit, die den Unterschied zwischen philosophischer Auseinandersetzung und echter Wahrheit klarmacht. Christus sprach mit der Frau am Brunnen. Die Wahrheit über sich selbst war das letzte, das diese Frau hören wollte. Deshalb versuchte sie, das Gespräch auf die philosophische Ebene zu heben, um zu vermeiden, daß Christus auf ihre fünf Ehemänner und ihr gegenwärtiges ehebrecherisches Leben zu sprechen käme:

„ ‚Herr, ich sehe, daß du ein Prophet bist! Unsre Väter haben auf diesem Berge angebetet; und ihr sagt, zu Jerusalem sei der Ort, wo man anbeten solle.'

Jesus spricht zu ihr: ‚Weib, glaube mir, es kommt die Stunde, wo ihr weder auf diesem Berge, noch zu Jerusalem den Vater anbeten werdet. Ihr betet an, was ihr nicht kennt; wir beten an, was wir kennen; denn das Heil kommt von den Juden. Aber die Stunde kommt und ist schon da, wo die wahren Anbeter den Vater im Geist und in der Wahrheit anbeten werden; denn der Vater braucht solche Anbeter' " (Johannes 4,19-23).

Scharf schnitt Christus durch den Nebel sinnlosen Geredes und brachte die Frau auf den Boden der Realität zurück. Ebensowenig wie Nikodemus und vielen anderen erlaubte er dieser Frau, dem unangenehmen Thema ihrer persönlichen Not auszuweichen, denn es ging dabei um Leben und Tod. Wenig später erntete sie voller Freude die Früchte, denn sie glaubte an Christus und wurde zu einer hingegebenen Zeugin seiner Erlösung.

Die Botschaft des Evangeliums wird im Wort Gottes immer wieder dargeboten als die schöne und schlichte Geschichte von Christus, der starb und wieder auferstand, damit wir durch den Glauben an ihn ewiges Leben hätten.

In der gegenwärtigen religiösen Szene dagegen hat sich durch die dunklen und widersprüchlichen Äußerungen ihrer Repräsentanten an vielen Orten eine Undurchschaubarkeit der Lehre breitgemacht. Wer heute nach Wahrheit sucht, sollte Christi Worte beachten: „Wenn jemand bei Tage wandelt, so stößt er nicht an, denn er sieht das Licht dieser Welt. Wenn aber jemand bei Nacht wandelt, so stößt er an, weil das Licht nicht in ihm ist" (Johannes 11,9-10).

Mehr denn je brauchen wir heute die freimütige Verkündigung gesunder Lehre, um gegen die trügerisch verlockenden Aussagen derer zu bestehen, die niemals wirklich auf das Wesentliche zu sprechen kommen. Ich danke Gott für die gewissenhaften christlichen Ausleger der Schrift (möge ihre Zunft wachsen!), die wahrheitsgemäß sagen können: „Wie ich nichts von dem, was nützlich ist, verschwiegen habe, daß ich es euch nicht verkündigt und gelehrt hätte, öffentlich und in den Häusern, indem ich Juden und Griechen die Buße zu Gott und den Glauben an unsern Herrn Jesus Christus bezeugt habe" (Apostelgeschichte 20,20-21).

Unklarheit ist das Evangelium des Teufels, aber Gott liebt die Klarheit.

# „Besondere Enthüllungen"

„Ich kenne das Geheimnis!"

Eines der wirksamsten Mittel, um sich der allgemeinen Aufmerksamkeit zu versichern, ist die Behauptung, über irgendeine geheimnisvolle Angelegenheit verborgenes Wissen zu besitzen. Wer von uns hat nicht als Kind in atemloser Spannung den Erzählungen älterer Menschen von ihren Erlebnissen zugehört? Das Meer, Gebirgshöhlen oder der Khaiberpaß wurden für uns in diesen Erzählungen lebendig. Geschichten von sprechenden Tieren und geheimnisvollen Spukhäusern gehörten zu unserer kindlichen Phantasie.

Kindergeschichten, die offensichtlich ins Reich der Phantasie gehören, sind eine Sache; Phantasien, die als religiöse Wahrheit ausgegeben werden, eine völlig andere. Es ist nichts dagegen einzuwenden, einem Märchenerzähler zuzuhören und dann, nach einem Lächeln oder einer Träne, zum wirklichen Leben zurückzukehren. Falsch, ja wahnsinnig wäre es, zu seinen Füßen niederzufallen und ihn anzubeten.

Märchen, die als solche erkannt werden, sind eine angenehme kleine Unterhaltung. Aber religiöse Phantasien, die als besondere geistliche Entdeckungen angeboten werden, sind gefährlich.

In allen Bereichen der Gesellschaft, von der Geschäftswelt zur Welt der Religion, sind viele Menschen um ihr Geld, ihre unsterbliche Seele oder um beides gebracht worden von Leuten, die behaupteten, besondere Informationen aus nicht allgemein zugänglichen Quellen zu besitzen. In dieser Hinsicht verhält sich die Geschäftswelt sogar noch weiser als die Welt der Religion. Es ist illegal, sich mit Hilfe von „Insider-Informationen", die nicht jedem Investor verfügbar sind, geschäftliche Vorteile zu verschaffen. Es wäre wünschenswert, wenn es auch in der Welt der Religion solch ein Gesetz gäbe.

Leider wäre es unmöglich, diesem Gesetz Geltung zu verschaffen. Selbst wenn es verabschiedet werden könnte, würden Millionen Menschen, denen es mehr um religiöse Faszination als um allgemein zugängliche Wahrheit geht, es ignorieren.

Wer sich gründlich um die Verkündigung gesunder Lehre bemüht, hat es schwer, sein Publikum so mitzureißen wie jene mysteriösen religiösen Führer, die sich, natürlich gegen entsprechende Bezahlung, bereit erklären, uns in ihr „Geheimnis" einzuweihen. Unter ihrem Bann vergessen wir oft, daß die besten Dinge des Lebens nicht nur kostenlos, sondern im allgemeinen auch offensichtlich sind.

Die Schönheit der Natur und die wunderbaren Werke Gottes umgeben uns von allen Seiten. Wenn wir sie betrachten, entdecken wir die ewige Macht und Göttlichkeit unseres Herrn (Römer 1,20). Wenn wir sein Wort, die Heilige Schrift, ernsthaft studieren, liegen uns ohne Ausnahme alle Geheimnisse des Lebens offen zutage.

Wie wunderbar ist die Verheißung des Wortes Gottes:

„Nachdem seine göttliche Kraft uns alles, was zum Leben und zur Gottseligkeit dient, geschenkt hat, durch die Erkenntnis dessen, der uns kraft seiner Herrlichkeit und Tugend berufen hat, durch welche uns die teuersten und größten Verheißungen geschenkt sind, damit ihr durch dieselben göttlicher Natur teilhaftig werdet, nachdem ihr dem in der Welt durch die Lust herrschenden Verderben entflohen seid" (2. Petrus 1,3-4).

Ohne Zweifel bekommt der demütige Christ, der sich schlicht und ehrlich an die Lehre der Bibel hält, von Gott überreichlich alles geschenkt, was er für Zeit und Ewigkeit braucht. Was für eine größere Verheißung kann es geben als die, daß Gott „uns mit jedem geistlichen Segen gesegnet hat in den himmlischen Regionen durch Christus" (Epheser 1,3).

Angesichts der Tatsache, daß Gott uns alle Dinge frei zugänglich gemacht hat, ist es erstaunlich, welch große und treue Gefolgschaft Leute hinter sich versammeln, die von irgendeiner Vision, Begegnung, Offenbarung oder besonderen Enthüllung berichten, die göttlichen Ursprungs und nur ihnen widerfahren sei. Eine Sekte ohne dieses geheimnisvolle, woanders nicht zugängliche Insiderwissen wäre nicht denkbar. Auf die eine oder andere Weise erhebt jede dieser gefährlichen Religionen einen solchen Anspruch.

Jeder Christ sollte bedenken, daß im ganzen Universum niemand eine Entdeckung machen kann, die seine eigene Entdeckung der Erlösung in Jesus Christus übersteigt. Es gibt kein höheres Wissen, keine bessere Offenbarung, keine tiefere Wahrheit — nichts ist größer als die Erkenntnis Christi. Wer sich von dieser größten Entdeckung, dieser letztgültigen Offenbarung abwendet und sich an die Betrügereien eines Sektenführers hält, ist ein Narr. Trotz dieser offensichtlichen Tatsache gelingt es den Sekten immer wieder, ungefestigte Menschen mit ihrem falschen Anspruch auf besondere Offenbarungen zu verlocken. Keine Entdeckung kann außergewöhnlicher sein als Jesus Christus.

Die Anhänger der „British-Israel"-Bewegung behaupten, die erstaunliche „Wahrheit" entdeckt zu haben, daß die Völker angelsächsischer und keltischer Herkunft mit den verschollenen zehn Stämmen Israels identisch seien. Die Königin von England sitze tatsächlich auf dem Thron des Königs David von Israel. Sie sei seine direkte Nachfahrin und setze seine Dynastie fort. Auf demselben Thron werde auch Christus nach seiner Rückkehr zur Erde sitzen.

Etliche überspannte Europäer und Amerikaner, manche davon ebenso berühmt wie überspannt, sind nach Indien gereist, um von den besonderen Offenbarungen eines verwahrlosten Gurus über die Geheimnisse des Lebens zu erfahren. Erstaunlicherweise nehmen viele mit solchen Krumen vorlieb, die vom Tisch eines heidnischen religiösen Philosophen fallen, obwohl sie jederzeit auf den Seiten der Heiligen Schrift Jesu Christi eigene Worte lesen könnten.

In Amerika hat der Hexenkult enormen Zulauf, weil seine führenden Vertreter behaupten, das „Geheimnis" von Wohlstand, Gesundheit, Erfolg und anderen begehrten Dingen gefunden zu haben. Bereitwillig folgen die Leute den religiösen Führern nach, die „das Geheimnis entdeckt" haben und bereit sind, es weiterzugeben.

Der Isländer Dag Thorleifson gründete eine Sekte, deren Anhänger angehalten werden, die alten germanischen Gottheiten anzubeten. Wieder verdankt eine Sekte ihre Entstehung der Behauptung eines geschickten Propagandisten, alte, lange verschollene Geheimnisse entdeckt und ans Licht gefördert zu haben.

Die Scientologen brüsten sich damit, „entdeckt" zu haben, daß jeder Mensch im Laufe seiner vielen Reinkarnationen eine Anzahl verschiedener Körper bewohnt. Sie behaupten, dies beweisen zu können, indem sie einen Menschen entlang einer „Zeitlinie" in seine früheren Leben zurückbefördern, um die Ursache seiner gegenwärtigen Probleme zu finden.

Der Anspruch auf besondere Enthüllungen und jederzeit wiederholbare Offenbarungen Gottes ist der Punkt, an dem viele Sekten die Grenze zum Okkultismus überschreiten. Hexerei, Spiritismus und Satanskult sind nichts anderes als Religionen, die behaupten, den Einbruch des Übernatürlichen in die natürliche Welt herbeiführen zu können. Dies ist sicher ein Grund dafür, warum die Sekten für viele nur eine Zwischenstation sind, bevor sie völlig in den Abgrund des Okkultismus hinabstürzen.

Am Ursprung nahezu jeder Sekte findet sich eine angebliche Offenbarung, die eine einzige Person empfangen haben soll. Diese Schlüsselfiguren beanspruchen göttliche Autorität für ein im Verborgenen geschehenes, nicht nachweisbares religiöses Erlebnis. Sie behaupten, eine Vision von einer Frau auf einem Berg gesehen, eine Stimme in einem Gebetsturm gehört oder Besuch von einem Engel empfangen zu haben, der ihnen goldene Tafeln und eine riesige Brille brachte. Es gibt zahllose solcher unüberprüfbarer und meist wild-phantastischer Geschichten.

Wie lautet nun die passende Antwort auf diesen Anspruch eines Menschen, eine neue göttliche Entdeckung gemacht zu haben? Seine Behauptung sollte den *biblischen Beweisregeln* unterworfen werden, auf die ich in Kürze noch eingehen werde. Die Entdeckung könnte eine Halluzination, eine glatte Lüge oder vielleicht auch nur die Folge von Verdauungsproblemen oder Schlafstörungen gewesen sein.

Wie sehr unterscheidet sich davon die Wahrheit des Christentums! Sie hängt nicht von besonderen Entdeckungen ab, die einzelne Menschen gemacht haben wollen. Das grundlegende Kennzeichen des christlichen Glaubens ist, daß er auf *historischen* Tatsachen beruht.

Bezüglich all der Ereignisse, die mit dem Leben, dem Werk, dem Tod und der Auferstehung Christi zusammenhängen, betont die Bibel: „Solches ist nicht im Winkel geschehen" (Apostelgeschichte 26,26). Lukas bestätigt, daß Christus sich nach seinem Leiden „durch viele sichere Kennzeichen" lebendig erzeigt hat (Apostelgeschichte 1,3). Es gab Hunderte, teilweise sogar Tausende von Zeugen für die unverhüllten und in der Öffentlichkeit geschehenen Tatsachen des Evangeliums.

Diejenigen, denen das Evangelium gepredigt wurde, wurden oft daran erinnert, daß sie aus eigener Anschauung von der Wahrheit dieser Dinge *wußten* (Apostelgeschichte 26,26). Paulus berief sich darauf, daß die Zeugen dieser Ereignisse noch am Leben waren und für Christus Zeugnis ablegen konnten (1. Korinther 15,6). Aus dem Alten und Neuen Testament geht sehr klar hervor, daß Gott sich in aller Öffentlichkeit offenbart und nachweisbar und vor ernstzunehmenden Zeugen gehandelt hat. Die Wahrheit des Christentums hängt nicht von privatem Wissen oder geheimen, unbeweisbaren Beziehungen einzelner Menschen ab.

Daß die Sektenführer jedoch zunehmend mit zusammenphantasierten Geschichten an die Öffentlichkeit treten, sollte uns nicht überraschen. Die Bibel hat das bereits angekündigt: „Wie auch unter euch falsche Lehrer sein werden, welche verderbliche Sekten nebeneinführen und durch Verleugnung des Herrn, der sie erkauft hat, ein schnelles Verderben über sich selbst bringen werden. Und viele werden ihren Ausschweifungen nachfolgen, und um ihretwillen wird der Weg der Wahrheit verlästert werden. Und aus Habsucht werden sie euch *mit betrügerischen* Worten ausbeuten; aber das Urteil über sie ist von alters her nicht müßig, und ihr Verderben schlummert nicht" (2. Petrus 2,1-3).

Achten wir darauf, daß die Irrlehren von falschen Lehrern *neben*eingeführt, d. h. unauffällig hereingeschmuggelt werden und sich *zerstörerisch* auswirken. Wären nicht viele Menschen so unachtsam, die Regeln der Beweisführung zu mißachten, könnten diese Prediger mit ihren eigenen Phantasievorstellungen niemals Erfolg haben. Jesus Christus achtete sorgfältig auf diese Regeln: „Wenn ich von mir selbst zeuge, so ist mein Zeugnis nicht wahr" (Johannes 5,31).

Jesus unterwarf sich immer wieder den göttlichen Beweisregeln, indem er sich ausdrücklich auf andere Quellen berief, die die Wahrheit seiner Worte bezeugten. „Jesus antwortete ihnen: Ich habe es euch gesagt, und ihr glaubet es nicht; die Werke, die ich tue im Namen meines Vaters, diese zeugen von mir" (Johannes 10,25).

Aufgrund dieser zahlreichen Beweisquellen konnte der Apostel Petrus sagen: „Denn wir sind nicht klug ersonnenen Fabeln gefolgt, als wir euch die Kraft und Wiederkunft unsres Herrn Jesus Christus kundtaten, sondern wir sind Augenzeugen seiner Herrlichkeit gewesen" (2. Petrus 1,16).

Dennoch fahren die Sektenführer mit ihren betrügerischen Machenschaften fort und verführen ungefestigte Menschen dazu, sich statt der klaren und offensichtlichen Wahrheit unbeweisbaren Mysterien zuzuwenden, die sie selbst nicht erklären können.

Ein Christ, der ein guter Diener Jesu Christi sein möchte, tut gut daran, gerade das Entgegengesetzte zu tun. Der Prophet Habakuk hat uns dazu einen guten Rat hinterlassen: „Der Herr aber antwortete mir und sprach: Schreib auf, was du geschaut hast, deutlich auf eine Tafel, daß es lesen könne, wer vorüberläuft" (Habakuk 2,2/Luther).

Man könnte ganz allgemein sagen, daß ein wahrer Diener des Evangeliums die Pflicht hat, die Geheimnisse Gottes klar und verständlich darzulegen. Ein Sektenführer dagegen verfährt normalerweise umgekehrt: Er nimmt die klare Wahrheit des Wortes Gottes und macht daraus eine so rätselhafte Botschaft wie nur möglich. Entlang dieser dunklen und mysteriösen Wege gibt es viele tödliche Abgründe.

Als Christen sind wir nicht aufgefordert zu glauben, daß Jesus Christus seit der Vollendung der Heiligen Schrift irgendeinem Menschen wieder erschienen ist. Gott stützt sich allein auf die Bibel. Wer auf einer Kanzel steht, sollte dieses Buch verständlich predigen. Wer die Wahrheit darlegen will, sollte es klar lehren. Wer das Wesen der Wirklichkeit entdecken will, sollte es sorgfältig lesen. Wo das geschieht, gibt es nicht den geringsten Bedarf an „besonderen Entdeckungen". Die größte Entdeckung, die ein Mensch machen kann, besteht darin, durch den Glauben an Jesus Christus und sein Werk, wie es in der Heiligen Schrift offenbart wird, die Freude einer persönlichen Beziehung zu Gott zu erleben.

Das Geheimnis ist aufgedeckt! Das Evangelium steht allen zur Verfügung. Jesus Christus ist als Mensch gekommen und hat durch das Evangelium Leben und Unsterblichkeit ans Licht gebracht. Der Glaube an ihn ist wahrhaftig eine besondere Entdeckung; aber eine, die jeder machen kann.

# Eine
# mangelhafte Christologie

Wer ist Jesus Christus?

Das ist die wichtigste Frage, die ein Mensch sich stellen kann. Die größten Freuden dieses Lebens und unsere ganze Hoffnung auf ewiges Leben hängen von der richtigen Antwort auf diese Frage ab. Wenn dem so ist, können wir sicher sein, daß Satan den größten Wert darauf legt, das wahre Wesen der Person unseres Heilandes, des Herrn Jesus, zu verschleiern.

Die schlimmsten Irrlehren der Kirchengeschichte waren diejenigen, die eine andere Auffassung von Jesus Christus vertraten als das Wort Gottes. Satan weiß, daß ein falsches Verständnis der Person und des Werkes Jesu Christi die Erlösung unmöglich macht.

Der Angriff auf das Verständnis des Wesens Christi begann in den Tagen der Urgemeinde. Die intellektuell veranlagten Kolosser begannen sich einer Irrlehre namens Gnostizismus zu öffnen. Diese Lehre vertrat die Auffassung, daß ein Mensch sich der Gottheit über verschiedene Zwischenstufen immer höher stehender Engelwesen nähern mußte, die die Kluft zwischen Mensch und Gott überbrückten. Christus war demnach eines dieser Engelwesen; er stand über den Menschen, aber niedriger als Gott. Diese Engelwesen sollten angebetet werden; die Anbetung Christi war nur eine der Pflichten eines Gläubigen.

Der Apostel Paulus erkannte, daß die Kolosser in Gefahr waren, sich einer andern Religion als dem Glauben an Jesus Christus zuzuwenden, und schrieb ihnen einen tiefernsten Brief. Er warnte sie: „Sehet zu, daß euch niemand beraube durch die Philosophie und leeren Betrug, nach der Überlieferung der Menschen, nach den Grundsätzen der Welt und nicht nach Christus. Denn in ihm wohnt die ganze Fülle der Gottheit leibhaftig" (Kolosser 2,8-9).

Er ging noch weiter auf die Einzelheiten ihrer Irrlehre ein: „Niemand soll euch um den Kampfpreis bringen, indem er sich in Demut und Engeldienst gefällt und sich in Sachen einläßt, die er nicht gesehen hat, ohne Grund aufgeblasen ist von seinem fleischlichen Sinn, wobei er sich nicht an das Haupt hält" (Kolosser 2,18-19).

Diese Leute rühmten sich, Erkenntnis zu besitzen. Paulus sagte ihnen, daß Erkenntnis nicht ausreiche; sie müßten „volle Erkenntnis" (*epignosis*) haben. Diese volle Erkenntnis sei die Erkenntnis der Person Jesu Christi selbst. Deshalb betont die Bibel, daß wir Gott selbst anbeten, indem wir Jesus Christus anbeten. „Wer den Sohn nicht ehrt, der ehrt den Vater nicht" (Johannes 5,23).

Später entwickelte sich eine andere subchristliche Anschauung, der Arianismus. Dies war eine der ersten Irrlehren, die von der Kirche offiziell als Häresie verurteilt wurden. Der Grund war, daß diese Lehre die Göttlichkeit des Herrn Jesus Christus bestritt.

Die Unterstützung, die der Arianismus von den satanischen Gegnern des Christentums erfuhr, verursachte eine gründliche Abklärung der Lehre unter den frühen Christen. Diese Auseinandersetzungen führten sie zu einer ungemein starken Überzeugung, daß die Auffassung eines Menschen vom Wesen Jesu Christi der Punkt ist, an dem sich entscheidet, ob er ein Christ ist oder nicht. Eine falsche Sicht des Erlösers führte zu einer falschen Religion, die überhaupt keine Erlösung mehr bieten konnte. Diese Überzeugung veranlaßte die frühen Kirchenväter, mit allem Ernst für den Glauben zu streiten. Sie wußten, was auf dem Spiel stand. Es ging um das Überleben des Christentums schlechthin.

Vor diesem historischen Hintergrund sollten uns die Angriffe heutiger Sekten auf die Person Jesu Christi nicht mehr überraschen. Die meisten von ihnen leugnen entweder die wahre Göttlichkeit Christi, die wahre Menschlichkeit Jesu oder die wahre Vereinigung beider Naturen in einer Person.

Schauen wir uns an, was die „Christliche Wissenschaft" über unseren Herrn Jesus sagt:

„Jesus ist der Mensch, der uns Christus gezeigt hat.

Christus ist die ideale Wahrheit, die göttliche Idee, die geistliche oder wahre Idee von Gott.

Marias Empfängnis war geistlich.

Jesus war die Frucht der bewußten Vereinigung Marias mit Gott.

Bei der Himmelfahrt verschwand der menschliche, materielle Teil, also Jesus, während das geistliche Selbst, also Christus, in der ewigen Ordnung der göttlichen Wissenschaft weiterlebt und die Sünden der Welt hinwegnimmt, wie Christus es immer getan hat, auch bevor der Mensch Jesus vor sterblichen Augen Gestalt annahm.

Seine Auferstehung war nicht körperlich! Er erschien seinen Jüngern wieder — das bedeutet, in ihrer Wahrnehmung auferstand er von den Toten — am dritten Tage seines zum Himmel auffahrenden Gedankens!" (*Wissenschaft und Gesundheit*, 1916; 473,15; 332,19; 347,14-15; 332,26-27; 29,32-30,1; 334,10-20; 509,4-7).

Ebenso verworren sind die Aussagen der Zeugen Jehovas:

„Jesus Christus, ein geschaffenes Wesen, ist die zweitgrößte Persönlichkeit des Universums, das erste und einzige unmittelbare Geschöpf seines Vaters Jehova … dazu bestimmt, ihn zu verherrlichen und sein Leben an die Menschheit weiterzugeben.

Er wurde im Oktober des Jahres 2 v. Chr. als menschlicher Sohn Gottes geboren.

Er wurde im Herbst des Jahres 29 zum Messias-Samen.

Im Frühjahr 33 starb er als Erlöser am Pfahl.

Er ist am dritten Tag als ein Unsterblicher auferstanden …

Er wurde auferweckt ‚als ein mächtiger, unsterblicher Geistsohn' … ein herrliches Geistwesen.

Wir wissen nicht, was aus seinem Körper geworden ist, außer daß er nicht verfiel oder verweste" (*Make Sure of All Things*, 1957, S. 207; *Let God Be True*, 1952, S. 207-210; *Studies in the Scriptures*, II, S. 129).

Die Mormonen lehren:

„Jesus Christus ist Jehova, der Erstgeborene unter den Geistkindern Elohims, dem alle anderen untertan sind.

Das Einzigartige an ihm ist, daß er von einer sterblichen Mutter und einem unsterblichen oder auferstandenen und verherrlichten Vater abstammt.

Durch ihn führte sein Vater Elohim das Werk der Schöpfung aus.

Er ist größer als der Heilige Geist, der ihm untertan ist, aber sein Vater ist größer als er" (*The Articles of Faith*, Talmage, S. 471f.; *Doctrine and Covenants* 76,24; *Doctrines of Salvation*, Joseph F. Smith, I, S. 18).

Mit den sektiererischen Anschauungen der modernen liberalen Theologie steht es nicht viel besser:

Eine idyllische Gestalt. Die Blüte der Menschheit. Der größte Morallehrer der Welt.

Ein Mensch, der so gut war, daß seine Anhänger ihn fälschlicherweise für einen Gott hielten.

Jesus war göttlich — und im gleichen Sinne sind alle göttlich. Der göttliche Funke muß nur entfacht werden.

In Christus war die Menschlichkeit göttlich und die Göttlichkeit menschlich.

Die Berichte über die Wunder Christi sind nichts als sagenhafte Übertreibungen von Ereignissen, die ganz natürliche Erklärungen haben.

Die Botschaft Jesu stand in Übereinstimmung mit den Anschauungen seiner Zeitgenossen und enthielt die Auffassungen des damaligen Judentums.

Diejenigen, die über die Jungfrauengeburt berichteten, waren zweifellos von heidnischen Mythen beeinflußt und glaubten, ihm auf diese Weise die Ehre einer himmlischen Abstammung zu sichern.

Jungfrauengeburt und Auferstehung sind keine wesentlichen Bestandteile des christlichen Glaubens.

Christus war das Meisterwerk der Evolution.

Den Theosophen verdanken wir die folgenden Fieberphantasien:

„Jesus gab der Welt Bruchstücke wertvoller Lehre als Grundlage für eine Weltreligion, wie es Männer wie Buddha, Konfuzius, Pythagoras und andere getan haben.

… in einem bestimmten Stadium der Laufbahn Jesu ergriff der Große Lehrer, der Bodhisattva der östlichen Tradition, Besitz von ihm" (Hugh Shearman, *Modern Theosophy*, 1952, S. 201f.).

Die Wahrheit des Christentums hängt also im Kern mit der Frage zusammen, wie wir über Christus denken. Als Christen sind wir aufgefordert, die Geister hinter diesen verdächtigen alternativen Deutungen der Person Christi zu prüfen.

Die Bibel sagt sehr klar, welches das entscheidende Kriterium bei dieser Prüfung ist:

„Geliebte, glaubet nicht jedem Geist, sondern prüfet die Geister, ob sie von Gott sind! Denn es sind viele falsche Propheten hinausgegangen in die Welt. Daran erkennet ihr den Geist Gottes: Jeder Geist, der bekennt: ‚Jesus ist der im Fleisch gekommene Christus', der ist von Gott; und jeder Geist, der Jesus nicht bekennt, der ist nicht von Gott. Und das ist der Geist des Antichrists, von dem ihr gehört habt, daß er kommt; und jetzt schon ist er in der Welt" (1. Johannes 4,1-3).

Es wird also deutlich, daß man einen echten Vertreter des Evangeliums an seiner Einschätzung der Person Christi erkennt. Die zentrale Lehre des Christentums ist die *Christologie*, die Lehre vom Wesen der Person Jesu Christi.

Das Christentum bekräftigt die wahre Göttlichkeit und die wahre Menschlichkeit unseres Herrn, die sich in der sogenannten hypostatischen Union in einer Person vereinigen. Damit ist gemeint, daß Jesus Christus nicht etwa teils Mensch und teils Gott war, sondern ganz und gar *wahrer* Mensch und *wahrer* Gott in menschlicher Gestalt. Der biblische Glaube ist dadurch gekennzeichnet, daß er dieses Wesen der Person Christi richtig versteht.

Viele Menschen, die sich als Christen bezeichnen, streiten die Göttlichkeit Christi ab. Das gilt zum Beispiel für die liberale Theologie, die darum als Irrlehre eingeschätzt werden muß. Die liberale Theologie ist nicht christlich, sie ist eine irrige, anti-christliche Anschauung, weil sie die Göttlichkeit Christi nicht anerkennt.

Andere „christliche" Glaubensgemeinschaften bestreiten die Menschlichkeit des Herrn. Die „Christliche Wissenschaft" zum Beispiel verneint die Existenz der Materie und behauptet, das Universum bestehe eigentlich nur aus Geist. „Alles ist Geist", lautet der Kernsatz der Lehre Mary Baker Eddys. Wenn die physische Natur nicht existiert, dann wurde Gott auch nicht in der Person Christi wahrer Mensch. Nach der Bibel ist das die Lehre des Antichristen.

Als wachsame Christen sollten wir die Lehren der Sekten, die um uns werben, genau prüfen und dabei unser Augenmerk besonders auf die Christologie dieser neuen religiösen Botschaften richten. Eine Botschaft, die darauf hinausläuft, daß Christus nur eine Art Marionette des Vaters und keine wirkliche Person in sich selbst ist, ist eine Irrlehre. Eine Botschaft, die die Jungfrauengeburt Christi leugnet und ihn nur als den natürlichen Sohn des Joseph und der Maria hinstellt, ist eine Irrlehre. Eine Überprüfung der Grundlehren einer Religion unter dem Aspekt ihrer Sicht der Person und des Werkes Jesu Christi kann höchst aufschlußreich sein.

Nur der gläubige Christ kann die Frage „Wie denkst du über Jesus?" richtig beantworten. Er wird darauf froh erwidern: „Jesus Christus ist der einzige Sohn des lebendigen Gottes; in ihm ist Gott in der Gestalt menschlichen Fleisches zu uns gekommen. Er ist der Menschensohn, der einzige Erlöser der Welt, der Anfänger und Vollender unseres Glaubens, der durch seinen Tod am Kreuz für alle, die an ihn glauben, die Erlösung bereitet hat. Er ist der, der für unsere Sünden starb und am dritten Tage auferstand. Er lebt und tritt vor seinem Vater für uns ein. Eines Tages wird er in Herrlichkeit zurückkehren, die Lebenden und die Toten richten und sein Reich sichtbar aufrichten. Er ist Herr und Gott, und in ihm allein haben wir das Leben in seiner ganzen Fülle."

Im engen Zusammenhang mit der Irrlehre einer mangelhaften Christologie steht die Verneinung der Dreieinigkeit Gottes. Der einzige wahre Gott ist der eine Gott, der in Ewigkeit in drei Personen existiert, Vater, Sohn und Heiliger Geist. Alle Personen der Gottheit sind gleichrangig und gleichermaßen ewig. Die Zeugen Jehovas stimmen dem nicht zu:

„Das Wort Gottes stützt die Lehre von der Dreieinigkeit Gottes nicht.

Die Dreieinigkeitslehre ist unbiblischen Ursprungs.

Die Rebellion im Garten Eden stellte Jehovas Stellung als höchster Herrscher in Frage. Die Bibel ist voller Beweise dafür, daß der höchste Zweck der Schöpfung die Verherrlichung des Namens und des Wortes Jehovas ist.

Gott ist von Ewigkeit her ein einmaliges Wesen, das von niemandem offenbart oder erkannt wurde. Niemand hat je existiert, der ihm gleich gewesen wäre und der ihn hätte offenbaren können.

Jehova ist der allmächtige und höchste Herrscher des Universums. Er ist nicht allgegenwärtig, aber seine Macht reicht überall hin" (*Studies in the Scriptures*, V, S. 54ff.; *Make Sure of All Things*, 1957, S. 191, 386; Präsident Nathan Knorr, *Religion in the 20th Century, S. 388; The Kingdom Is at Hand*, S. 507).

Viele Sekten sind für das Wesen Gottes blind und verneinen in ihrer Lehre die Göttlichkeit Jesu Christi oder des Heiligen Geistes. Ein solcher verstümmelter Glaube an den einzigen wahren Gott macht jede echte Hoffnung auf Erlösung zunichte.

Diese entscheidenden Probleme in der Lehre vom Wesen Gottes sollten jeden Christen neu daran erinnern, wie dringend wir eine gründliche christliche Gelehrsamkeit brauchen. Schon zu lange haben wir uns von untauglichen Führern beeinflussen lassen, die uns sagten: „Wir brauchen keine Lehre, wir brauchen Erfahrungen!"

Auf der gleichen Ebene liegt die gedankenlose Behauptung: „Wir predigen keine Lehre, wir predigen einfach Christus!" Prediger, die so reden, sollten endlich ihren geistlichen Kindergarten verlassen und begreifen, wie schändlich sie ihre eigene Gelehrsamkeit und infolgedessen die lehrende Verkündigung in ihrer Gemeinde vernachlässigen. Erfahrungsorientierte Christen, die keine Zeit für das Studium biblischer Lehre haben, sind eine willkommene Beute für die Sekten.

# Unausgewogener Umgang mit der Bibel

Es gibt auf der Welt kein Buch, das der Bibel gleicht.

Das Wort Gottes ist die interessanteste und bereicherndste Lektüre, die man sich vorstellen kann. Es ist voll von Höhepunkten sprachlicher Schönheit, inhaltlicher Leuchtkraft und Einsicht. Es berichtet vom Dienst der Propheten, Apostel und anderer vollmächtiger Männer und Frauen, die im Dienst Gottes standen. Unterschiedliche Schwerpunkte in der Bibel lassen uns, je nach unserer persönlichen Prägung, unterschiedlich auf die einzelnen Texte ansprechen. Als unvermeidliche Folge haben wir alle Lieblingspassagen in der Heiligen Schrift — Teile des Worte Gottes, die uns an bestimmten Stellen besonders geholfen haben. Dagegen ist nichts einzuwenden.

Sehr liebevoll veranlagte Menschen sind begeistert von 1. Korinther 13. Solche, die der Gedanke des Gerichtes anspricht, lesen besonders gern 2. Thessalonicher 1 oder bestimmte Abschnitte aus der Offenbarung. Historisch interessierte Christen greifen mit Vorliebe zum Alten Testament mit seinen Berichten von längst vergangenen Reichen und Herrschern.

Wer der Philosophie zugeneigt ist, bevorzugt die didaktischen Gespräche Christi in den Evangelien und die logischen Erörterungen des Paulus. Für die Aktivisten ist der Missionsbefehl die wichtigste Bibelstelle, und oft erscheinen ihnen theologische Diskussionen über das Wesen des Glaubens als reine Zeitverschwendung. So kann man vom rechten Kurs abkommen.

Es gibt Menschen, die sich nur für Semantik interessieren. Ihr Umgang mit dem Wort Gottes ähnelt einem unaufhörlichen Verschieberätselspiel. Sie zählen mit großer Geduld Verse und Buchstaben und ordnen ihnen Zahlenwerte zu. Beim Bibelstudium haben sie in der einen Hand das Wörterbuch und in der anderen den Rechenschieber.

Diese Semantiker fürchten sich häufig ein wenig vor jenen geistlichen Schwertkämpfern, die die Apostelgeschichte wie ein Heldenepos lesen und sich gedrängt fühlen, die Welt zu erobern.

Auch Soziologen lesen die Bibel. Sie können endlos über die religionsökonomischen Entwicklungen diskutieren, die durch den Einfluß der christlichen Subkultur und der frühen Verfolgungen auf die Bevölkerungsdichte der Stadt Jerusalem ausgelöst wurden.

Diese soziologischen Christen fühlen sich irritiert durch diejenigen, die sich besonders dafür interessieren, daß Paulus dieses Leben beschreibt als „Trübsal, die zeitlich und leicht ist" und den Gläubigen eine ewige und über alle Maßen gewichtige Herrlichkeit verschafft (2. Korinther 4,17). Solchen Leuten werfen sie vor, sie seien „so himmlisch gesinnt, daß sie für die Erde nicht taugen". Das Christentum sei mehr als ein Wolkenkuckucksheim und bestehe vor allem darin, den Nächsten zu lieben und das auch praktisch zu zeigen.

Viele, von den völlig informellen Quäkern bis hin zu den hochkirchlichen Episkopalisten, suchen in der Bibel nach Hinweisen für die richtige Gottesdienstform. Dabei ist die Lehre, die man in der Schrift zu finden glaubt, stark von der jeweiligen emotionalen Veranlagung beeinflußt. Die Episkopalisten können von ihrem hochkirchlichen Standort aus kaum den Unterschied zwischen Baptisten- und Brüdergemeinden erkennen, und die Pietisten halten die Episkopalisten für Katholiken, die in Latein durchgefallen sind.

Weil wir aufgrund unserer menschlichen Voraussetzungen so unterschiedlich auf die verschiedenen Teile der Bibel reagieren und jeder die Gewichte anders verteilt, ist aus dem Chri-

stentum in der Tat eine verrückte Mischung der verschieden-
artigsten Gruppen geworden, deren Gemeinsamkeiten
manchmal schwer zu erkennen sind.

Es gibt also genügend Unterschiede zwischen Christen, daß
die Gemeinde Jesu reichlich Gelegenheit hätte, sich in der
Nächstenliebe zu üben! Angesichts der Vielfalt der Gemeinschaften, Erfahrungen und Schwerpunkte, die sich christlich
nennen, hat die Ermahnung, die Einheit des Geistes und das
Band des Friedens zu bewahren, besonderes Gewicht.

Viele Christen wünschen sich eine sichtbare Einheit der
Gemeinde Jesu und werden schwer damit fertig, daß der Hei-
lige Geist sich in solcher Verschiedenartigkeit manifestiert
hat. Uns bleibt jedoch nichts, als zu glauben, daß diese
Verschiedenartigkeit manchmal auch ihr Gutes hat und nicht
ohne die Billigung unseres himmlischen Vaters besteht.
Unterschiedlichkeit und Vielfalt sind noch kein Beweis für
Irrtum.

Aber hieraus kann ein ernstes Problem entstehen. Gemeinschaften mit einer starken Überzeugung sind oft in Versuchung, sich immer weiter von jenem zentralen Bereich der
Übereinstimmung zu entfernen, den C. S. Lewis das „Christentum schlechthin" nennt. Ihr jeweiliger Schwerpunkt veranlaßt sie, zu erklären, die Liebe sei alles oder die Geschichte sei
das Allerwichtigste. Sie nehmen irgendeine wichtige, aber
nicht entscheidende Aussage der Schrift und erheben sie auf
die Stufe einer zentralen Bekenntnisaussage. Das Kriterium,
wer zu ihrer Gemeinschaft gehört und wer nicht, verschiebt
sich von der Person Jesu Christi auf einen weniger wichtigen
Aspekt.

So ist es bald das Entscheidende, eine bestimmte Kleidung
zu tragen, die richtige Kirche zu besuchen oder etwas dergleichen. Eine solche Gemeinschaft mag einen guten Anfang
genommen haben, aber weil sie nicht der ganzen Botschaft
Gottes gleichermaßen Aufmerksamkeit schenkte, entfernte sie
sich vom lebendigen Christentum hin zu einem verschobenen
Schwerpunkt.

Es ist nicht schwer, sich vorzustellen, wie eine religiöse Gruppe in kleinen Schritten immer weiter von der Lehre der Heiligen Schrift abweicht und sich so vom Wahren zum Falschen verirrt. Häufig sind die besonderen Schwerpunkte einzelner Gruppen dem ganzen Christentum eine Hilfe gewesen. Allzuoft aber wird dieser besondere Schwerpunkt zur alles entscheidenden Frage hochstilisiert. Wenn eine theologische Besonderheit die ganze Aufmerksamkeit einer Gruppe von Christen in Anspruch nimmt, dann steht diese Gruppe, oft ohne es zu merken, in der Gefahr, einer Irrlehre zu verfallen.

Als der Bibel gehorsame Christen müssen wir diese Bewegungsrichtung weg von der Mitte stets vermeiden. Sobald eine religiöse Gemeinschaft einen theologischen Standpunkt einnimmt, der die wirklich wichtigen Dinge in der Bibel nur noch am Rande berührt und sich hauptsächlich mit anderen Fragen beschäftigt, wird sie zur Sekte.

Das bedeutet, daß sie sich von ihrem Ausgangspunkt in der biblischen Lehre fortbewegt hat. Statt dessen hat sie eine Ansammlung menschlicher Philosophien, Gedanken oder Offenbarungen, die im Wort Gottes keine Grundlage mehr haben, zu ihrem zentralen Schwerpunkt gemacht. Sie hat einen interessanten Teil der Schrift so bevorzugt behandelt, daß er von den anderen Teilen isoliert wurde, die nun nicht mehr zu seinem richtigen Verständnis beitragen können. Er wurde durch unausgewogenen Umgang mit der Bibel von der Gesamtheit der göttlichen Wahrheit abgeschnitten.

Buchstäblich jede heute bestehende Sekte ist diesen verhängnisvollen Weg der Unausgewogenheit so weit gegangen, daß die Folge eine verderbliche Irrlehre war.

Wir finden ein Beispiel dafür in der Bibel. Darin geht es um eine Begegnung zwischen dem Apostel Paulus und einer Gruppe, die nur die Taufe des Johannes kannte:

„Es begab sich aber, während Apollos in Korinth war, daß Paulus, nachdem er die oberen Länder durchzogen hatte, nach Ephesus kam. Und als er etliche Jünger fand, sprach er zu ihnen: Habt ihr den Heiligen Geist empfangen, als ihr gläubig wurdet? Sie aber sprachen: Wir haben nicht einmal gehört, ob ein Heiliger Geist sei! Und er sprach zu ihnen: Worauf seid ihr denn getauft worden? Sie aber sprachen: Auf die Taufe des Johannes. Da sprach Paulus: Johannes hat mit der Taufe der Buße getauft und dem Volke gesagt, daß sie an den glauben sollten, der nach ihm komme, das heißt an Christus Jesus. Als sie das hörten, ließen sie sich taufen auf den Namen des Herrn Jesus. Und als Paulus ihnen die Hände auflegte, kam der Heilige Geist auf sie, und sie redeten in Zungen und weissagten" (Apostelgeschichte 19,1-6).

Dies ist ein Bericht über Jünger, die die vollmächtige Predigt Johannes des Täufers hörten und ihr Folge leisteten. Sie nahmen mit großer Bereitschaft seine Lehre von der Buße zur Vergebung der Sünden auf, „denn das Himmelreich ist nahe herbeigekommen" (Matthäus 3,2). Darum wurden sie Jünger des Johannes, und wir dürfen annehmen, daß sie treu bei ihrer Überzeugung von der Wahrheit der Botschaft dieses demütigen Wegbereiters Christi blieben.

Aber genau das war ihr Problem. Sie waren so gepackt von der Predigt des Johannes, daß sie sein wichtigstes Anliegen übersahen: nämlich daß nach ihm einer kommen werde, dessen er unwürdig sei, ihm die Schuhbänder aufzulösen, und der sie in alle Wahrheit leiten werde. Deshalb verpaßten sie die Gelegenheit, das Wort Christi zu hören. Sie ließen sich die Chance entgehen, an ihn zu glauben und wahre Christen zu werden, die an der Gabe des Heiligen Geistes teilhatten, der am Pfingsttag auf die Gemeinde ausgegossen wurde. Ihrer eigenen Aussage nach hatten sie vom Heiligen Geist nicht einmal gehört.

Diese Leute hatten nicht das Leben Gottes empfangen, das jedem zuteil wird, der in Jesus Christus zu einer neuen Schöpfung gemacht wird. Die Frage des Apostels Paulus an diese Jünger: „Habt ihr den Heiligen Geist empfangen, als ihr gläubig wurdet?" war genau der richtige Weg, um herauszufinden, ob sie wirklich Christen geworden waren.

Als er erkannte, daß das nicht der Fall war, sagte er zu ihnen, „daß sie an den glauben sollten, der nach ihm komme" (d. h. nach Johannes dem Täufer); sie sollten Jesus Christus annehmen. Das glückliche Ende dieser Geschichte ist, daß sie tatsächlich an Jesus Christus glaubten, sich auf seinen Namen taufen ließen und die Gabe des Heiligen Geistes empfingen.

Wir dürfen uns freuen, daß Gott Paulus die Möglichkeit gab, diesen ehrlichen Wahrheitssuchern die letztgültige Offenbarung Gottes in Jesus Christus zu bringen. Höchstwahrscheinlich hätten sie andernfalls eine religiöse Gemeinschaft auf die Predigt Johannes des Täufers gegründet, die, so ehrlich die Absicht auch gewesen wäre, Menschen daran gehindert hätte, die Botschaft der Erlösung durch die Gnade Gottes zu hören, die allein durch Christus möglich ist. Ihre bereitwillige Aufnahme einer aus dem Zusammenhang gerissenen, unvollständigen und vorläufigen Offenbarung wäre auf diese Weise zu einer verdammenswerten Handlung geworden. Ihr Glaube und ihre religiöse Praxis wären die einer Sekte und kein echtes, lebendiges Christentum gewesen.

Die Lehre für uns alle, die darin steckt, liegt auf der Hand. Wir dürfen ruhig begeistert sein von den Worten einer bestimmten biblischen Gestalt oder der besonderen Aussage eines bestimmten Buches der Bibel, aber wir dürfen es niemals versäumen, dem ganzen Wort Gottes unsere Aufmerksamkeit zu schenken.

Die Bibel sagt über sich selbst: „*Jede* Schrift ist von Gott eingegeben und nützlich zur Belehrung, zur Überführung, zur Zurechtweisung, zur Erziehung in der Gerechtigkeit, damit der Mensch Gottes vollkommen sei, zu jedem guten Werke ausgerüstet" (2. Timotheus 3,16-17). Es ist deshalb unerläßlich, daß die Lehre, an der wir als Christen unseren Glauben und unser Leben orientieren, sich auf die *ganze* Bibel stützt. Wir dürfen nie vergessen, daß sowohl das Alte wie auch das Neue Testament vom Heiligen Geist eingegeben wurde und daß die ganze Heilige Schrift für unser Verständnis des Glaubens entscheidend ist.

Wir sollten auch bedenken, daß die Offenbarung innerhalb der Heiligen Schrift fortschreitend ist. Gott hat seine Wahrheit nach und nach sichtbar gemacht, indem er von den grundlegenden theistischen Gedanken des Alten Testamentes ausging, bis er sich selbst endgültig in Jesus Christus offenbarte. Christus brachte durch das Evangelium Leben und Unvergänglichkeit ans Licht (2. Timotheus 1,10), und seine Apostel, die die Briefe des Neuen Testamentes schrieben, schlossen uns seine Lehre auf.

Wir dürfen auch nie vergessen, daß eine richtige Auslegung der Bibel immer auf dem Text, dem Textzusammenhang und dem Gesamtzeugnis der Schrift beruhen muß. Der Bibelausleger muß immer fragen: „Was bedeutet dieser Vers? In welchem Zusammenhang steht er? Wie ist er in die Botschaft der ganzen Bibel einzuordnen?"

Der Hauptfehler der heutigen Sekten besteht darin, daß sie es versäumt haben, ihren Glauben auf die ganze Bibel zu gründen. Eine Gruppe leugnet die Unsterblichkeit der Seele aufgrund einer Aussage über den Tod in Prediger 9,5. Die Tatsache, daß Jesus Christus die Frage der Unsterblichkeit ein für allemal geklärt hat, ignoriert sie. Paulus schreibt, daß „den Leib verlassen" bedeutet, beim Herrn zu sein (vgl. 2. Korinther 5,8).

„Der Weg", eine sektiererische Randgruppe der Jesus-Bewegung, bestreitet die Existenz der Dreieinigkeit, weil sie ein unangemessenes Gewicht auf die Persönlichkeit Jesu legt. Das Ergebnis dieser Abweichung ist, daß diese Gruppe offenbar eine Art psychischer Begegnung mit der Persönlichkeit Jesu für die Grundlage der Erlösung hält.

Die Anhänger der Transzendentalen Meditation machen den gleichen Fehler. Sie suchen sich aus der Bibel die Verse aus, die uns auffordern, zu denken und zu meditieren, und den Rest nehmen sie aus der Lehre eines indischen Gurus. Sie versuchen, ihren Verstand auszuschalten, und glauben, sie könnten über das Nichts nachdenken und meditieren und auf diese Weise letztgültige Antworten finden. Manche Leute haben eine sehr sonderbare Persönlichkeit entwickelt, weil sie in eine Religion hineingerieten, die so transzendental ist, daß sie niemals den Erdboden berühren. Nichts gegen Meditation in Maßen, aber ab und zu müssen wir auch einmal an die Arbeit gehen.

Ein Journalist hat die „Familie der Liebe", die sich zu der Zeit noch „Kinder Gottes" nannte, treffend charakterisiert:

„Ihre Neigung, sich die Bibel so lange zurechtzubiegen, bis sie in ihre eigenen Vorstellungen paßt, riecht nach Sektiererei und führt zu einer fatalen Blindheit in entscheidenden Lebensbereichen. Selbstgerecht werfen sie Paulus vor, er sei immer dann, wenn er als Zeltmacher arbeitete, gegen Gott ungehorsam gewesen. (Bisher hat noch niemand dasselbe von Christus gesagt, der in der Zeit, bevor er an die Öffentlichkeit trat, vermutlich gegen Bezahlung als Zimmermann gearbeitet hat.) Die Kinder Gottes sollten in ihrem Umgang mit der Schrift ehrlicher werden. Es würde helfen, wenn sie mehr Wert auf die Hermeneutik legten" (*Christianity Today*, 5. November 1971, S. 31).

Manche, die sich für Experten in Sachen Okkultismus halten, fallen dem gleichen Irrtum zum Opfer. Da sie von dämonischen Einflüssen wissen, fangen sie an, jede Art von ungewöhnlichem Verhalten der Gegenwart von Dämonen zuzuschreiben. Letzten Endes halten sie dann Faulheit, Begierde, Ungeduld, zu lautes Reden und jedes andere zweifelhafte Benehmen für die Folge dämonischer Einflüsse.

Andere stoßen in der Bibel auf eine Stelle, die davon berichtet, wie Gott irgendeinem Propheten eine Vision gezeigt hat. Das bringt sie auf den Gedanken, alle wahre Religion müsse darauf beruhen, daß Gott sich in Visionen und Träumen offenbart. Diese Auffassung kann einen Menschen vom Wort Gottes wegtreiben in eine selbstgebaute geistliche Opiumhöhle.

Ein Prediger, der großen Wert auf eine entspannte und positive innere Haltung legt, kann für viele Christen eine große Ermutigung sein. Das mag durchaus eine wertvolle Botschaft sein; betrachtet man sie aber als letzte Wahrheit, dann kann sie einen unbedarften Menschen dazu bringen, die materielle Wirklichkeit zu verleugnen. Keine innere Haltung kann die Tatsache des Todes beseitigen oder uns der Notwendigkeit entheben, mitten in der materiellen Wirklichkeit zu leben. Richtig angewandt, ist eine positive innere Haltung eine gute Sache. Am falschen Ort aber ist sie nichts als Dummheit.

Der gereifte Christ macht keinen dieser Fehler. Er hört nicht auf, täglich das Wort Gottes zu studieren und die Lehren der Schrift an den Orten und in dem Maße anzuwenden, wie es Gottes Wille ist. Er kennt die Gefahr, die darin liegt, die Bibel zu seinem eigenen Verderben zu verdrehen. Er meidet die Abgründe des religiösen Wahns, die überall da lauern, wo Menschen aufgrund irgendeines einzigen Bibelverses den Kopf verlieren.

Die Versuchung ist groß für jede religiöse Gemeinschaft, in der Bibel einen Vers über Heiligkeit, das Reich Gottes, das Gesetz, die Gnade, Werke, den Glauben oder was auch immer zu finden und als Ersatz für den ganzen Ratschluß Gottes zu nehmen. Auch eifrige Christen haben den Fehler einer solchen unausgewogenen Bibelauslegung begangen und so einen sektiererischen Einfluß ausgeübt.

Der wirksamste Schutz vor all diesen Gefahren ist geistliche Reife.

# Verlust der
# persönlichen Freiheit

„Du gehörst mir!"

Das sind nicht gerade die Worte eines großen alten Chorals, aber es ist ein Liedtitel, der den Standpunkt nahezu jedes Sektenführers treffend kennzeichnet. Sekten führen ihre Anhänger tatsächlich in psychische und geistliche Versklavung.

Eine sehr interessante Beschreibung des gläubigen Christen findet sich in folgender Aussage unseres Herrn: „Der Wind weht, wo er will, und du hörst sein Sausen; aber du weißt nicht, woher er kommt, noch wohin er fährt. *Also ist ein jeder, der aus dem Geist Gottes geboren ist*" (Johannes 3,8). Vielleicht sprach uns Nikodemus, jener Repräsentant der jüdischen religiösen Hierarchie, aus dem Herzen, als er antwortete: „Wie kann das geschehen?" Was Nikodemus erstaunte, war nicht nur Jesu Aussage über die Notwendigkeit der Wiedergeburt, sondern auch dieses bemerkenswerte Zeugnis über die christliche Freiheit.

Dieses Thema der Freiheit der an Jesus Christus Gläubiggewordenen wird an vielen Stellen des Neuen Testamentes angesprochen. „Wird euch nun der Sohn freimachen, so seid ihr wirklich frei" (Johannes 8,36). „Wo aber der Geist des Herrn ist, da ist Freiheit" (2. Korinther 3,17). „Ein jeglicher sei seiner Meinung (darüber, was in zweifelhaften Lagen richtig und falsch ist) gewiß" (Römer 14,5). „Ihr seid teuer erkauft; *werdet nicht der Menschen Knechte*" (1. Korinther 7,23).

Die Erhaltung der christlichen Freiheit ist den neutestamentlichen Autoren so wichtig, daß sie uns nicht nur darauf hinweisen, daß wir sie besitzen, sondern uns auch eindringlich ermahnen, sie niemals zu verlieren. „Für die Freiheit hat uns Christus befreit; so stehet nun fest und lasset euch nicht wieder in ein Joch der Knechtschaft spannen" (Galater 5,1). Wir müssen dafür arbeiten, nicht wieder in das Joch der Knechtschaft zu geraten, „denn ihr, meine Brüder, seid zur Freiheit berufen" (Galater 5,13).

Dementsprechend müssen christliche Leiter, die über Einfluß oder besondere Überzeugungskraft verfügen, es sorgfältig vermeiden, den Glauben anderer zu stark zu kontrollieren oder zu beherrschen. Der Apostel Paulus hat nie etwas davon gesagt, daß die Starken über die Schwachen *herrschen* sollen, sondern sie sollen ihnen *dienen*.

Ohne Zweifel wird es immer Menschen geben, die durch ihre körperliche, geistige oder geistliche Unterlegenheit der Beherrschung durch andere ausgeliefert sind. Ein geistlicher Leiter hat die bedingungslose Pflicht, aus solcher Unterlegenheit niemals Vorteile zu ziehen. Er darf seine Gaben und Fähigkeiten nicht als Machtmittel benutzen. Die Versuchung, Anhänger für sich selbst statt für Christus zu sammeln, wird ihm nicht erspart bleiben; er muß ihr mit aller Kraft widerstehen.

Der Apostel Petrus hat gegenüber den Ältesten der Gemeinden großen Nachdruck auf die richtige Haltung eines Hirten gelegt: „Nicht als Herrscher über die zugewiesenen Seelen, sondern als Vorbilder für die Herde" (1. Petrus 5,3).

Das Wort Gottes läßt keinen Zweifel daran: geistliche Leiterschaft soll eine Leiterschaft durch das gute Beispiel sein. Der Leiter soll in Schlichtheit und Aufrichtigkeit Jesus Christus nachfolgen und darum beten, daß sein Leben vor den Augen seiner Herde ein gut sichtbares Beispiel für das christliche Leben sei. Wenn im Leben eines christlichen Leiters nichts anderes zu erkennen ist als Arroganz, grundlose Herrschsucht und Hochstapelei, dann repräsentiert er einen anderen Christus als den, von dem die Heilige Schrift berichtet.

Im dritten Brief des Apostels Johannes wird kurz ein Mann erwähnt, dessen Leben wahrscheinlich durch solch eine furchtbare Anmaßung gekennzeichnet war. Nachdem er von sich selbst schlicht als einem „Mitarbeiter der Wahrheit" gesprochen hat, fährt Johannes fort: „Ich habe der Gemeinde etwas geschrieben; aber Diotrephes, der bei ihnen der erste sein möchte, nimmt uns nicht an" (3. Johannes 9). Hier geht es um einen Leiter, dem eine herausragende Stellung wichtiger war als die Heiligung. Die Folge ist, daß sein Name in der Heiligen Schrift als ein Beispiel für die Art von Leiterschaft steht, auf die wir als Christen lieber verzichten würden.

Den Sektenführern sind diese Regeln der Schrift für die Leiterschaft gleichgültig. Sie wissen, daß ihr Erfolg unmittelbar davon abhängt, ob es ihnen gelingt, ihre Anhänger unauflöslich an ihre Organisation zu fesseln. Fast immer wird diese Bindung durch das Mittel der Furcht bewerkstelligt. Die Verkündigung, Lehre und alle Bemühungen eines Sektenführers sind nicht darauf ausgerichtet, persönliche Fähigkeiten und Freiheit bei seinen Anhängern hervorzubringen, sondern Abhängigkeit. Nicht Freiheit, sondern Versklavung ist das Ziel der Sektenführer.

Infolgedessen sind nahezu alle Sekten durch eine zentralistische, gnadenlose und autoritäre organisatorische Struktur gekennzeichnet. Der Zweck einer solchen religiösen Organisation ist nicht, ein lebendiger Teil des Leibes Christi zu werden, sondern eine Pfründe, an der man sich persönlich bereichern kann.

Von dem Beginn einer solchen Entwicklung wird uns schon auf den Seiten des Neuen Testamentes berichtet. Im Buch der Offenbarung sandte Christus persönliche Botschaften an sieben Gemeinden der neutestamentlichen Zeit. Vieles von dem Lob und der Kritik, die sich in diesen Sendschreiben an die sieben Gemeinden Kleinasiens finden, gilt unvermindert auch für religiöse Organisationen unserer Tage.

Für unser Thema ist besonders das Sendschreiben an die Gemeinde in Ephesus interessant. Diese Gemeinde hatte viele gute Eigenschaften, über die sich der Herr anerkennend äußerte. Es gab allerdings auch Anfangszeichen geistlicher Mängel.

Trotzdem bekam die Gemeinde vom Herrn Jesus ein Lob: „Aber das hast du, daß du die Werke der Nikolaiten hassest, welche ich auch hasse" (Offenbarung 2,15). Zur Zeit der Urgemeinde begannen die Aktivitäten einer Gruppe, die als *Nikolaiten* bezeichnet wird.

Auch in dem Sendschreiben an die Gemeinde in Pergamon wird diese Gruppe erwähnt. Hier war der geistliche Niedergang schon weiter fortgeschritten, so daß die Rolle der Nikolaiten in dieser Gemeinde anders beschrieben wird: „So hast du auch solche, die an der *Lehre* der Nikolaiten festhalten, was ich hasse" (Offenbarung 2,6).

Wer waren die Nikolaiten? Worin bestanden ihre Werke und ihre Lehre? Der einzige Hinweis darauf, was es mit dieser Gruppe auf sich hatte, liegt in ihrem Namen selbst. Das Wort *Nikolaiten* setzt sich aus zwei griechischen Worten, *nikao* und *laos*, zusammen und bedeutet soviel wie „Sieg über das Volk" oder „Unterwerfung des Volkes".

Die übertriebene Unterscheidung zwischen „Geistlichkeit" und „Laientum" hatte bereits in den Anfängen des Christentums begonnen. Es gab bereits Leute, die es für geistlich notwendig oder angebracht hielten, das Volk Gottes zu unterwerfen und sich zu seinen Herren aufzuschwingen. Die großen Organisatoren erschienen schon in den ersten Tagen des Christentums auf dem Plan. Damals schon fing man an, die „Laien" als leicht auszubeutende Untertanen zu betrachten, die dazu da waren, von ihren religiösen Führern beherrscht zu werden.

Es fällt nicht schwer, sich vorzustellen, wie sich die erfolgreichen Organisatoren der Gemeinden von Ephesus und Pergamon berieten. „Es ist völlig klar, daß wir die unwissenden Männer und Frauen, die aus ihrer Alltagsbeschäftigung in unsere Gemeinde kommen, nicht selbständig die Bibel lesen lassen können. Es ist natürlich unsere Verantwortung, den Willen Gottes für ihr Leben auszulegen. Das ist schließlich unsere Aufgabe als erhabene Führer."

Macht korrumpiert! Das gilt nicht nur für die Politik. Es ist auch eine tragische Wahrheit auf dem Gebiet der Religion.

Gott hat an seiner Haltung gegenüber diesem Unterwerfungsprogramm keinen Zweifel gelassen, indem er die Gemeinde in Ephesus dafür lobte, daß sie die Werke der Nikolaiten geradezu *haßte*, „welche auch ich hasse". Der religiöse Aufstieg einer geistlichen Elite über die Menge der Gläubigen ist eine Entwicklung, die Gott haßt. Wir dürfen nicht übersehen, daß diese Haltung Gottes in den Sendschreiben an die Gemeinden zweimal zum Ausdruck kommt. Der Herr legt allen Nachdruck auf die Tatsache, daß die Unterwerfung der Menschen Gott ein Greuel ist.

Es fällt auf, daß der Trend zu den Nikolaiten sich in der Gemeinde in Ephesus lediglich in Form von Werken äußerte. In Pergamon jedoch hatten sich diese Werke schon zu einer Lehre verfestigt. Lehrmäßige Rechtfertigungen sind immer schnell bei der Hand, wenn es darum geht, Handlungen zu sanktionieren, die nur der eigenen Person oder Organisation dienen!

Heute wimmelt es in vielen religiösen Einrichtungen nur so von Katechismen, geistlichen Übungen, Liturgien und anderen Methoden, die im Grunde nichts anderes sind als die Lehre der Nikolaiten. Oft werden alle Anstrengungen unternommen, um Menschen auf eine andere zentrale Autorität zu verpflichten als auf Jesus Christus. Gerade dies war der Punkt, an dem die sonst positiv beurteilte Gemeinde in Ephesus Kritik zu hören bekam: „Aber ich habe wider dich, daß du deine erste Liebe verlassen hast" (Offenbarung 2,4).

Der Herr warnte die Gemeinde in Ephesus, daß sie gefallen sei und Buße tun und zu ihren ersten Werken zurückkehren müsse, sonst werde ihr Leuchter von seiner Stelle gestoßen und das Licht ihres Zeugnisses ausgelöscht. So ist die Landschaft der heutigen westlichen Zivilisation gesprenkelt mit dunklen, geisterhaften Kirchengebäuden — uralten Baudenkmälern, die nichts anderes sind als die verfallenen Überreste eines einst lebendigen Christuszeugnisses, das nun verstummt ist. Das Programm der Unterwerfung der Menschen tötet das wahre Werk Christi.

Diese Art von versklavender organisatorischer Struktur ist ein zuverlässiges Merkmal heutiger Sekten. Die Sekte verlangt von ihren Anhängern bedingungslose Hingabe an ihre Organisation und fesselt sie mit einer Reihe unerfüllbarer Verhaltensregeln. Der Bekehrte verfängt sich wie eine Fliege in einem Spinnennetz. Die Spinne wird nicht lange auf sich warten lassen.

Was immer Sektenführer sonst sein mögen, sie sind hervorragende Organisatoren. Ohne ihre Beute zu sichern und ihre Anhänger mit immer größer werdenden Verpflichtungen dem Führer und der Organisation gegenüber zu belegen, kann keine Sekte bestehen. Üblicherweise identifizieren sich Sekten ihren Anhängern gegenüber mit dem sichtbaren Reich Gottes.

Landläufig stellt man sich unter „Sektierern" Leute mit einer bis zum Fanatismus gesteigerten, leidenschaftlichen Hingabe an eine Sache vor. Jede Sekte möchte ihre Anhänger an diesen Punkt bringen, wo sie an kaum etwas anderes mehr denken als an ihre Zugehörigkeit zur Bewegung und zu ihrem menschlichen Führer. Ein Sektenangehöriger ist normalerweise durch sein gegenwärtiges religiöses Leben ebenso versklavt wie vorher durch die Sünde.

Genau das warf Christus den Pharisäern vor. „Ihr ladet den Menschen unerträgliche Bürden auf" (Lukas 11,46). „Dabei verheißen sie ihnen Freiheit, wo sie doch selbst Knechte des Verderbens sind; denn wovon jemand überwunden ist, dessen Sklave ist er geworden" (2. Petrus 2,19).

Die „Familie der Liebe" verlangt von ihren vorwiegend jugendlichen Anhängern, ihre Eltern auszuplündern, bevor sie hinter den undurchsichtigen Schleiern der Sekte verschwinden. Nach der Aufnahme in die Organisation wird auf den bedauernswerten Neuankömmling gruppendynamischer Druck ausgeübt, bis ihn schließlich schon die Aussicht, aus den Bindungen der Gruppe wieder ausgestoßen zu werden, vor Angst zittern läßt.

Die Anhänger Herbert W. Armstrongs haben wiederholt verkündet, daß außer den Mitgliedern der Weltweiten Kirche

Gottes alle Menschen in Ewigkeit verloren sind. Manche große Religionsgemeinschaften, von denen einige als orthodox-christlich gelten, lehren die Verdammnis aller Menschen außerhalb ihrer jeweiligen eigenen Organisation.

Als Christen sind wir von solchem Unsinn frei. Wir wissen, daß das Wort *Loyalität* sich letzten Endes nur auf unsere Beziehung zu Jesus Christus selbst anwenden läßt. Wenn Christen sich untereinander zur Treue verpflichtet fühlen, dann geschieht das durch die Liebe, die durch den Heiligen Geist in ihre Herzen ausgegossen ist, nicht in Unterwerfung unter eine versklavende Organisation.

Je weniger Wahrheit eine Bewegung tatsächlich vorzuweisen hat, desto straffer muß sie organisiert sein. Wo Wahrheit ist, stellt sich die Loyalität von selbst ein. Wo keine Wahrheit ist, müssen statt dessen die Fesseln der Furcht herhalten.

Auch wenn ein Sektenführer mit Worten wirbt wie „Komm zu Jesus" — was er eigentlich meint, ist: „Du gehörst mir." Als Christen sollten wir den Rat des Apostels Paulus beachten: „Für die Freiheit hat uns Christus befreit; so stehet nun fest und lasset euch nicht wieder in ein Joch der Knechtschaft spannen" (Galater 5,1).

Die einzige *zwingende* Mitgliedschaft, die ein echter Christ anerkennt, ist die Gliedschaft im Leib Christi. Auch wenn er vielleicht zu einer Gemeinschaft gehört, die großen Wert auf die Zugehörigkeit zu einer Ortsgemeinde legt, wird er als Christ nicht darauf seine *Hoffnung* auf ewiges Leben setzen. Der wachsame Christ zeichnet sich dadurch aus, daß er ungewöhnlich schwer zu „organisieren" ist. Das unterscheidet ihn von anderen, die ihre Zugehörigkeit zu einer Organisation für eine lebenswichtige Sache halten. Jesus Christus hat ihn freigemacht, und niemand hat das Recht, ihm diese Freiheit wieder zu nehmen.

# Finanzielle Ausbeutung

Die wunderbare Botschaft des Evangeliums ist, daß wir die ewige Erlösung empfangen können, ohne dafür etwas bezahlen zu müssen.

Das Neue Testament sagt, daß die Erlösung ein völlig kostenloses Geschenk an uns ist. „Die Gnadengabe Gottes ist das ewige Leben" (Römer 6,23). Eine andere Stelle besagt, daß wir „gerechtfertigt werden ohne Verdienst, durch seine Gnade" (Römer 3,24).

Die Lehre von der Gnade Jesu Christi durchdringt das ganze Evangelium, sowohl, was die Erlösung angeht, als auch in bezug auf unser Leben mit Gott. Durch die Gnade Jesu Christi sind wir alle als Christen reiche Leute geworden: „Denn ihr kennet die Gnade unsres Herrn Jesus Christus, daß er, obwohl er reich war, um euretwillen arm wurde, damit ihr durch seine Armut reich würdet" (2. Korinther 8,9).

Christen sind wahrhaftig reich! Sie haben das wunderbare Geschenk der Rechtfertigung durch den Glauben und tausend damit verbundene Wohltaten empfangen. All dies wird ihnen dadurch zuteil, daß das Blut Jesu Christi am Kreuz auf Golgatha vergossen wurde. Was Christen sind, sind sie durch die Gnade Gottes.

Das Wort Gottes läßt keinen Zweifel daran, daß ein Christ niemals irgend etwas tun, spenden oder opfern muß, um sich seines ewigen Lebens sicherer zu werden. Wir werden zwar oft eindringlich aufgefordert, uns zum Dienst für Christus zur Verfügung zu stellen und brauchbare Werkzeuge in den Händen Gottes zu werden. Dennoch sagt die Bibel klar, daß der

Christ diesen Dienst freiwillig auf sich nimmt und daß nichts, das er tun könnte, seine Garantie des ewigen Lebens verstärken würde. Er hat ewiges Leben bekommen, ohne selbst dafür zu bezahlen. Bezahlt hat Jesus Christus am Kreuz.

Auch die Gaben, die Vollmacht und den Segen Gottes im Leben eines Christen kann er nicht mit Geld erwerben, indem er etwa für christliche Zwecke spendet. In der Apostelgeschichte finden wir dazu ein hochinteressantes Beispiel. Ein Mann namens Simon, der vorher mit Zauberei Geschäfte gemacht hatte, kam offenbar zum Glauben an Jesus Christus. Er beobachtete die erstaunliche Vollmacht, die die Apostel durch das wunderbare Wirken des Heiligen Geistes besaßen, und erkannte sofort die Möglichkeiten, die im Gebrauch solcher Macht lagen:

„Als aber Simon sah, daß durch die Handauflegung der Apostel der Heilige Geist gegeben wurde, brachte er ihnen Geld und sprach: Gebet auch mir diese Vollmacht, damit, wenn ich jemand die Hände auflege, er den Heiligen Geist empfange! Petrus aber sprach zu ihm: Dein Geld fahre samt dir ins Verderben, wenn du meinst, die Gabe Gottes mit Geld erwerben zu können! Du hast weder Anteil noch Erbe an diesem Wort; denn dein Herz ist nicht aufrichtig vor Gott! So tue nun Buße über diese deine Bosheit und bitte den Herrn, ob dir die Tücke deines Herzens möge vergeben werden" (Apostelgeschichte 8,18-22).

Hier wird sehr deutlich, daß die Gaben und die Vollmacht Gottes kein käufliches Gut sind. Es war kein besonderer Segen, den dieser Mann durch sein finanzielles Angebot erlangte. Im Gegenteil: Petrus sagte ihm: „Denn ich sehe, daß du in bitterer Galle und in Ungerechtigkeit verstrickt bist" (Apostelgeschichte 8,23). Im Neuen Testament gibt es nicht den geringsten Hinweis darauf, daß man durch Geldspenden eine bessere Verbindung zu Gott oder eine größere Gewißheit der Erlösung erlangen könnte.

Noch etwas anderes geht aus dieser Begebenheit deutlich hervor. Die wahren Leiter der Gemeinde waren zutiefst entsetzt über die Vorstellung, ihr Wohlgefallen oder das ihres Gottes könne durch Geld erworben werden. Sie klagten den, der ihnen dieses Angebot machte, einer schrecklichen Sünde an und warnten ihn eindringlich, daß er unter dem Gericht Gottes stehe.

Wir dürfen dem Herrn danken, daß die Apostel für jede Bestechung unerreichbar waren und daß Geldangebote ihre Treue zu Jesus Christus nicht anfechten konnten. Sie wandten sich ausdrücklich immer wieder gegen die Macht des Geldes und gingen so weit zu sagen: „Die Geldgier ist eine Wurzel aller Übel" (1. Timotheus 6,10). Sie ermunterten die Christen, fröhlich und aus vollem Herzen zu geben, aber ihr eigenes Lebens führten sie unter großen persönlichen Opfern. Und sie erlaubten sich nicht die kleinste Unkorrektheit, wenn sie Geld empfingen oder verwendeten.

Sie gingen sogar noch weiter. Ihrer Auffassung nach bewies ein christlicher Leiter seine Treue zu Jesus Christus durch ein Leben in Aufopferung. Das Kennzeichen der falschen Lehrer dagegen sei, daß sie „die Gottseligkeit für eine Erwerbsquelle halten" (1. Timotheus 6,5). Petrus sagte über die falschen Lehrer: „Und aus Habsucht werden sie euch mit betrügerischen Worten ausbeuten" (2. Petrus 2,3). Der Apostel Paulus hat uns erneut ein strahlendes Beispiel gegeben, in dem er niemals (außer von der Gemeinde in Philippi, zu der er eine besondere persönliche Beziehung hatte) Gaben für seinen persönlichen Gebrauch annahm. Er sagte: „Ihr wißt selbst, daß für meine Bedürfnisse und für diejenigen meiner Gefährten diese Hände gesorgt haben" (Apostelgeschichte 20,34). Er handelte so, weil er das Evangelium von Jesus Christus völlig kostenlos verkündigen wollte. Durch diesen beispiellosen Maßstab der persönlichen Opferbereitschaft, den uns die Apostel hinterließen, ist die Gemeinde Jesu Christi um so reicher.

Glücklich ist der christliche Leiter, der am Ende seines Lebens mit Paulus sagen kann: „Silber oder Gold oder Kleider habe ich von niemandem begehrt; ihr wißt selbst, daß für meine Bedürfnisse und für diejenigen meiner Gefährten diese

Hände gesorgt haben. Überall habe ich euch gezeigt, daß man so arbeiten und sich der Schwachen annehmen und der Worte des Herrn Jesus eingedenk sein müsse, da er selbst gesagt hat: Geben ist seliger als nehmen" (Apostelgeschichte 20,33-35). Der Apostel Paulus predigte nicht nur die Erkenntnis, daß die Geldgier eine Wurzel aller Übel ist, er lebte auch danach.

Wie anders ist das Bild, das uns die heutigen Sektenführer bieten! Mehr als deutlich lassen sie durchblicken, daß ihre bereitwilligen Anhänger für Geld Vorrechte, Gaben und Vollmacht erwerben können. Für hundert Mark bieten sie Heilung an. Tausend Mark kostet der Schutz vor einem tödlichen Unfall. Oft wird den Sektenanhängern verheißen, daß sie den zahlreichen Prüfungen in dieser Welt und der nächsten durch Ablieferung ihres Geldes entgehen könnten.

In der Finanzstruktur der Sekten stellt der Zehnte normalerweise nur den Anfang dar. Der wirkliche Druck fängt dann erst an. Immer weiter wird die Schraube der Ausbeutung angezogen, bis der Sektenanhänger schließlich wirtschaftlich ruiniert ist. Es gibt zahllose Berichte von Ehefrauen und Kindern, die Armut und Hunger ausgeliefert waren, weil das Familienoberhaupt sämtliche Einkünfte einer Sekte zur Verfügung stellte. Voller Begeisterung für seinen neuen geistlichen Führer vergißt der Familienvater die klare Aussage der Schrift: „Wenn aber jemand die Seinen, allermeist seine Hausgenossen, nicht versorgt, der hat den Glauben verleugnet und ist ärger als ein Ungläubiger" (1. Timotheus 5,8).

Die Folge ist, daß gewissenlose religiöse Führer über palastartige Häuser, weiträumigen Grundbesitz und beachtliche Anteile an großen Wirtschaftsunternehmen verfügen. Manche von ihnen scheuen sich nicht, sich zu rechtfertigen mit dem Schriftwort: „Wer in Unschuld wandelt, dem versagt er nichts Gutes" (Psalm 84,12). Was ist das anderes als Verdrehen der Schrift zum eigenen Verderben (2. Petrus 3,16)?

Die Zeitungen sind voll von Berichten über rücksichtslose finanzielle Ausbeutung durch Sektenführer. Guru Maharaj Ji ermuntert mit dem Hinweis, er müsse wie ein Gott behandelt werden, zu reichlichen finanziellen Zuwendungen an ihn selbst und seine Familie. Armstrong drängt seine Anhänger, seine Sekte gleich mit dem dreifachen Zehnten zu unterstützen. Wie sonst sollte er auch die Anschaffung und Haltung seiner Privatjets bezahlen, die er braucht, um sein Image zu wahren?

Man kann ohne Übertreibung behaupten, daß die Sekten fast durch die Bank vom unersättlichen finanziellen Appetit ihrer Führer gekennzeichnet sind. Sie sparen nicht mit Hinweisen auf das drohende Höllenfeuer, wenn ihre Anhänger nicht genügend Geld fließen lassen.

Die falschen Religionen der Welt verfügen über großzügige, goldgeschmückte und edelsteinbesetzte Tempel. Die meisten davon stehen mitten in einem Meer der Armut, das von den Sekten selbst verursacht wurde. Ihr scheinbarer Wohlstand ist nichts anderes als das schändliche Ergebnis ihrer rücksichtslosen Ausbeutung verängstigter Menschen, die durch finanzielle Gaben geistliche Wohltaten von ihnen zu erlangen hoffen.

Die Beispiele dafür könnte man endlos aufzählen. Unser Gebet ist es, daß das wahre Christentum immer mehr zu einem sichtbaren Beispiel für den entgegengesetzten Standpunkt der freien Gnade Jesu Christi wird.

Freuen wir uns über die riesigen Geldsummen, die vertrauenswürdigen Christen im Laufe der Jahre zur Verfügung gestellt wurden. Als Folge haben Ortsgemeinden, missionarische Aktivitäten, Radiosendungen, Schriftenmissionen und Hunderte anderer solider geistlicher Unternehmungen durch die Gaben und Gebete aufrichtiger Christen eine reiche Ernte einbringen können. Dennoch sollten wir dafür beten, daß in den Reihen des wahren Christentums niemand sich an den Heiligen bereichert und Menschen in erster Linie als Erwerbsquellen statt als unsterbliche Seelen ansieht.

# Verleumdung der anderen

Wenn sich jemand als wahrer Messias hinstellt, sind natürlich alle anderen Betrüger, und ihnen muß das Handwerk gelegt werden. Zu den bittersten Haßtiraden, die man schwarz auf weiß lesen kann, gehören die ätzenden Verleumdungen, die Sektenführer über all diejenigen in die Welt gesetzt haben, die ihnen keinen Glauben schenken und ihren Organisationen fernbleiben.

Manchmal kommt einem der Verdacht, daß diese Führer unter einem schrecklichen Minderwertigkeitskomplex leiden, der sie in eine neurotische Verteidigungshaltung treibt. Meistens sind sie nicht dazu bereit, sich in öffentlichen Diskussionen den Fragen versierter christlicher Gelehrter über das Wesen ihres Glaubens zu stellen. Indem sie alle anderen Anschauungen als satanisch und verderbt bezeichnen, geben sie ihren Verfolgungswahn zu erkennen.

Das wahre Christentum steht dazu in einem sehr scharfen Gegensatz. Die Bibel lehrt, daß es nur einen Erlöser gibt, nämlich Jesus Christus, und nur einen Weg zur Erlösung, nämlich den Glauben an sein vollkommenes Werk am Kreuz. Innerhalb dieses Spielraumes jedoch, den der Glaube, wie er einst den Heiligen anvertraut wurde, offenläßt, gestattet die Heilige Schrift eine große Vielfalt der Anschauungen. Jeder einzelne Christ ist ein Priester und steht in einer persönlichen Beziehung zu Gott.

Über die Frage der Einheit der Christen schrieb der Apostel Paulus an die Philipper: „So viele nun vollkommen sind, wollen wir also gesinnt sein; und wenn ihr über etwas anders denket, so wird euch Gott auch das offenbaren" (Philipper 3,15).

An Timotheus schrieb er, seine Ansichten müßten im letztgültigen Licht des göttlichen Verständnisses beurteilt werden. Auf einer seiner Missionsreisen hatte er mit Barnabas eine scharfe Auseinandersetzung über Johannes Markus (Apostelgeschichte 15,38-39); aber derselbe Johannes Markus wurde später vom Heiligen Geist dazu gebraucht, das Markus-Evangelium niederzuschreiben, und Paulus bescheinigte ihm, ein brauchbarer Mitarbeiter im Reich Gottes zu sein (2. Timotheus 4,11).

Petrus äußerte, daß in den Schriften des Paulus „etliches schwer zu verstehen" sei (2. Petrus 3,16), aber er betrachtete Paulus als seinen geliebten Bruder, der seine Briefe gemäß der ihm verliehenen Weisheit schrieb.

Christus betete gerade für die Leute, die ihn kreuzigten: „Vater, vergib ihnen, denn sie wissen nicht, was sie tun!"

Paulus wußte, daß manche ihn zurückwiesen, aber er betete, daß es ihnen nicht zur Last gelegt würde: „Bei meiner ersten Verantwortung vor Gericht stand mir niemand bei, sondern alle verließen mich; es sei ihnen nicht zugerechnet" (2. Timotheus 4,16).

Den echten Christen ist es verboten, übereinander zu richten (Römer 14,13). Sie haben die Freiheit, nach ihrer eigenen Überzeugung vor dem Herrn zu leben (Römer 14,5). Sie sind sogar dazu angehalten, „nichts vor der Zeit" zu richten (1. Korinther 4,5).

Die Haltung der Sekten ist da ganz anders. So erklärte zum Beispiel Herbert W. Armstrong:

„Es gibt nur ein Werk, das den Völkern das wahre Evangelium vom Reich Gottes, von der Herrschaft Gottes, predigt. Das ist dieses Werk. Also muß aus denen, die an diesem Werk teilhaben und bekehrt sind, die Kirche Gottes bestehen!

Alle anderen Werke weisen die Botschaft Jesu Christi oder seine Herrschaft durch seine Gesetze zurück. Es gibt keine Ausnahme.

104

Ja, dieses Werk ist das Werk der wahren Kirche Gottes. Alle anderen sind satanische Nachahmungen! Es ist an der Zeit, daß wir aus ihnen hervortreten und uns von ihnen trennen."

Auch die Zeugen Jehovas haben in millionenfach verteilten Traktaten folgendes verkündet:

„Gott wird bald alle falsche Religion vernichten.

Gott hat den Religionen der Welt viel Zeit gelassen, ihr wahres Gesicht zu zeigen. Heute sehen wir überall auf der Erde ihre verdorbenen Früchte.

Die Bibel zeigt, daß Gottes Tag der Rechenschaft nun vor der Tür steht. Um der Ehre seines eigenen Namens, der lange Zeit geschmäht wurde, und des ewigen Wohlergehens derer willen, die die Gerechtigkeit lieben, muß und will Gott handeln. Was wird er tun?

Sein durch den Geist eingegebenes Wort vergleicht das Weltreich der falschen Religion mit einer von Unzucht erfüllten Frau, die ‚Babylon die Große' genannt wird. Sie ist ‚reich geschmückt' und lebt in ‚schamlosem Überfluß'. Das ‚Blut aller derer, die auf Erden umgebracht worden sind', wird in ihr gefunden. Gott verurteilt sie dazu, ‚im Feuer verbrannt', völlig zerstört zu werden. Diese Zerstörung wird gerade von den politischen Mächten, die sie so lange beherrscht hat, bewerkstelligt werden. Was bedeutet das für Sie?" (*Has Religion Betrayed God and Man?*).

Damit ist gemeint, daß alle anderen religiösen Anschauungen außer der der Zeugen Jehovas verdammt sind.

Der ernsthafte Christ wird, wenn es darum geht, andere zu kritisieren, große Vorsicht walten lassen. Aus der Heiligen Schrift geht an vielen Stellen hervor, daß das Werk Gottes von vielen verschiedenen Menschen getan wird, von denen keiner beanspruchen kann, die göttliche Wahrheit für sich allein gepachtet zu haben. Christus sagte zu seinen Jüngern: „Andere haben gearbeitet, und ihr seid in ihre Arbeit eingetreten" (Johannes 4,38).

Darum erinnert uns die Heilige Schrift daran, daß wir uns schuldig machen, wenn wir uns anmaßen, das Handeln unserer Geschwister, die für den Herrn arbeiten, zu verurteilen. „Wer bist du, daß du einen fremden Knecht richtest?" (Römer 14,4). „Was richtest du deinen Bruder?" (Römer 14,10). Die wahren Arbeiter für Christus werden ermahnt, „die Einheit des Geistes zu bewahren in dem Bande des Friedens" (Epheser 4,3).

Die Bibel warnt oft vor Leuten, deren erste Berufung darin zu bestehen scheint, Spaltungen in der Gemeinde Jesu hervorzurufen. Wenn räuberische Wölfe von außen eindringen oder in den eigenen Reihen „Männer aufstehen, die verkehrte Dinge reden" (Apostelgeschichte 20,30), wird es nicht ausbleiben, daß sich Menschen fasziniert von den provozierenden Worten eines ehrgeizigen menschlichen Führers von der Sache des Herrn abwenden.

In den Reihen der Christen ist schon viel Unruhe durch Leute gestiftet worden, die sich mit angeblichen Überzeugungen und neuentdeckten Wahrheiten Gehör verschafft haben. Darum ermahnt uns der Apostel Paulus eindringlich: „Ich ermahne euch aber, ihr Brüder, gebet acht auf die, welche Trennungen und Ärgernisse anrichten abseits von der Lehre, die ihr gelernt habt, und meidet sie. Denn sie dienen nicht dem Herrn Jesus Christus, sondern ihrem eigenen Bauch, und durch gleisnerische Reden und schöne Worte verführen sie die Herzen der Arglosen" (Römer 16,17-18).

# Synkretismus

Wir müssen allen Menschen alles werden!

Jeder Christ sollte sich dieses erstrebenswerte Ziel, in dem sich eine Grundsatzaussage des Apostels Paulus (1. Korinther 9,22) widerspiegelt, zu eigen machen. Wer für Christus Zeugnis ablegen will, muß einen Weg finden, mit Menschen von unterschiedlichem kulturellen, religiösen und nationalen Hintergrund in Kontakt zu kommen. Jeder, der andere für Christus erreichen will, muß als erstes die Aufgabe lösen, der ewigen Wahrheit des Wortes Gottes einen Weg über die Mauern der Kulturen und Vorurteile zu bahnen. Der christliche Verkündiger muß auf angemessene Art versuchen, so zu werden wie die Menschen, denen er dienen will.

In diesem Zusammenhang gibt es jedoch eine Grenze, die wir nicht überschreiten dürfen. Die liebevolle Bemühung, sich anzupassen, kann in eine Verfälschung des Evangeliums ausarten, manchmal bis zur Unkenntlichkeit. Wer sich auf diese Weise anpaßt, begeht eine schwere Sünde, die *Synkretismus* genannt wird.

Unter Synkretismus versteht man den Versuch, aus verschiedenen Religionen „das Beste" herauszufiltern und in einem neuen, attraktiven Glauben zusammenzufassen. Der Synkretist versucht, die unterschiedlichen religiösen Überzeugungen, die gegenwärtig bestehen, zu „synchronisieren", um einer neuen Religion mehr Anziehungskraft zu verschaffen. Im Zusammenhang mit Religion lautet die Definition für Synkretismus: „Bezeichnung für eine Vermischung verschiedener Religionen bzw. einzelner ihrer Phänomene" (Meyers Großes Taschenlexikon).

Synkretismus ist ein bevorzugtes Verfahren der Sekten. Sowohl die alten als auch die neueren Sekten haben sich fast ausnahmslos an bestehenden religiösen Anschauungen orientiert und herkömmliche Lehren zusammen mit neu erfundenen Irrlehren in ihre Glaubenssysteme aufgenommen. Unter den heutigen Sekten gibt es nur wenige, deren Lehre etwas im religiösen Bereich wirklich überwiegend Neues ist. Fast immer handelt es sich um erneute Aufgüsse bereits bestehender Gedanken sowohl orthodoxer als auch häretischer Art. Sie bieten aufgewärmte Elemente aus dem Protestantismus, dem Katholizismus, den heidnischen Religionen, dem Pantheismus, der Anbetung von Götzen und lokalen Gottheiten und ein wenig reine Phantasterei als Zugabe.

Es fällt nicht schwer, sich einen Sektenprediger dabei vorzustellen, wie er sich eine Stadt oder ein Land anschaut und sich fragt: „Was werden mir diese Leute abkaufen? Worauf hoffen sie, wovon träumen sie, wo liegen ihre Vorurteile, worüber sind sie enttäuscht — und wie kann ich ihnen eine religiöse Anschauung bringen, auf die sie ansprechen werden?" Kein Sektenprediger ist so dumm, irgendwo aufzutauchen und gleich zu Anfang vom Großen Kürbis oder von grünen Männchen vom Mars zu reden. Er redet von Christus, von der Bibel, dem Heiligen Geist, von Wundern und anderen Einzelheiten aus der christlichen Offenbarung. Damit beeindruckt er seine unkundigen Zuhörer, die oft glauben, er sei ein echter Christ, der eben nur ein wenig weiser ist als die meisten.

Doch dann kommt der Haken. Unauffällig bringt der Sektenprediger seinen theologischen Pferdefuß ins Spiel. Vielleicht deutet er an, wie es die „Process Church" tut, daß Luzifer in Wirklichkeit gar nicht der Feind Gottes, sondern einer seiner besten Freunde sei. Vielleicht vertritt er wie Mary Baker Eddy die Auffassung, daß persönliches Wohlergehen nicht von der gnädigen Hand Gottes abhängt, sondern davon, daß man sich in den richtigen Geisteszustand versetzt. Auf hundert verschiedene Arten und an tausend verschiedenen Orten predigen diese Wölfe im Schafspelz ihre religiösen Mixturen, um die Unwachsamen zu täuschen.

Das geschieht vor allem in den größten Städten der Welt. Los Angeles zum Beispiel ist geradezu ein Brutkasten für neue Religionen. Seine heiligen Tempel, goldenen Altäre, religiösen Seminare, mitternächtlichen Séancen, Heiltränke, wunderkräftigen Taschentücher, Pyramidenkräfte und „das spirituelle Evangelium der Relativität" bezeugen alle die Anfälligkeit dieses und anderer Ballungsgebiete für geistliche Krankheiten.

Wo ein Sektenführer neue Möglichkeiten wittert, sich zu bereichern, fügt er alle möglichen Bruchstücke aus verschiedenen Religionen zu einem undurchschaubaren Mischmasch zusammen und rechnet damit, daß bei jedem irgend etwas davon auf offene Ohren stoßen wird. Er spricht jedes nur denkbare menschliche Interesse an und verspricht die Vorzüge aller anderen Religionen in einem Pauschalpaket. Dazu fügt er noch ein paar theologische Fachbegriffe, und schon gibt es eine neue Sekte auf dem Markt.

Ähnliches geschieht auch in den Missionsgebieten der Welt. Missionare, deren Hintergrund manchmal nur dem Namen nach christlich ist, kommen in Gebiete, die bereits voll von den verschiedensten Religionen sind. Geisterglaube, Ahnenkult und andere heidnische Religionsformen stehen in Blüte. In dem Bestreben, den Einheimischen ihr „Christentum" so schmackhaft wie möglich zu machen, passen sich die Missionare dem lokalen religiösen Klima an. Die neuen Religionen, die dabei herauskommen, verschmelzen manchmal irgendeine lokale Gottheit, traditionelle Tieropferbräuche, die Jungfrau Maria und Jesus Christus zu einem einzigen System. Der Synkretismus auf den Missionsfeldern wächst sich zu einem Skandal in der Welt des Christentums aus. Eine synkretistische Religion hat nichts mit Christentum zu tun, sondern ist eine Sekte.

Der Synkretismus hat bei den Sekten Tradition. Mary Baker Eddy ist ein Beispiel dafür. Sie war tief beeindruckt von einem Glaubensheiler namens P. P. Quimby, der sich auch mit Spiritismus befaßte. Sofort begann sie, sich Gedanken darüber zu machen, wie man seine Anschauungen mit der Lehre der Bibel verbinden könnte. Quimby selbst begann mit dem altmodischen Mesmerismus, entwickelte jedoch bald seine eigene Version dieser Geistheilungsmethode.

Auch die Weltweite Kirche Gottes ist ein Beispiel für Synkretismus. Armstrongs Anhänger nahmen sich einige Gedanken der Siebenten-Tags-Adventisten und verbanden sie mit der „British-Israel"-Bewegung. Zusammen mit einigen eigenen Ideen über Ernährung, Gesundheit und die messianische Führungsrolle Herbert W. Armstrongs brachten sie so eine religiöse Organisation hervor, die heute allein in Amerika eine Million Dollar in der Woche einnimmt.

Das Erstaunen evangelikaler Christen über den Zulauf solcher synkretistischer Sekten ist verständlich. Wir sollten jedoch bedenken, daß synkretistische Lehren sich oftmals ganz unauffällig einschleichen und häufig auch dort anzutreffen sind, wo man sie nicht vermutet. In manchen Gemeinden sind heutzutage Reden zu hören, die einem religiösen Potpourri, das den Namen Christentum nicht mehr verdient, Tür und Tor öffnen können. Kürzlich sagte ein christlicher Theologe auf einer Konferenz, die Botschaft des Christentums müsse zu einem „allumfassenden Evangelium für den ganzen Menschen" werden. Vollmundige Sätze wie dieser klingen schön, aber sie können zu Einfallstoren für viele schädliche Irrlehren werden. Wenn irgend jemand ein Evangelium verkündigt, das „allumfassender" ist als das, das im Wort Gottes auf das Genaueste niedergelegt ist, dann ist es eben nicht mehr das Evangelium.

Worin besteht das Evangelium? Das Evangelium ist die gute Nachricht von der Erlösung in Christus, die im Wort Gottes sehr deutlich beschrieben wird. In seinem Schreiben an die Gemeinde in Korinth, in der es bereits Anzeichen von Irrlehren gab, sagte der Apostel Paulus:

„Ich mache euch aber, ihr Brüder, auf das Evangelium aufmerksam, das ich euch gepredigt habe, welches ihr auch ange-

110

nommen habt, in welchem ihr auch stehet; durch welches ihr auch gerettet werdet, wenn ihr an dem Worte festhaltet, das ich euch verkündigt habe, es wäre denn, daß ihr vergeblich geglaubt hättet. Denn ich habe euch in erster Linie das überliefert, was ich auch empfangen habe, nämlich daß Christus für unsere Sünden gestorben ist, nach der Schrift, und daß er begraben worden und daß er auferstanden ist am dritten Tage, nach der Schrift" (1. Korinther 15,1-4).

Aus dieser Definition des Evangeliums geht klar hervor, daß es so etwas wie ein „allumfassendes Evangelium für den ganzen Menschen" nicht gibt. Das heißt, das Evangelium als solches macht keine Versprechungen, die gesellschaftliche Struktur, das politische Klima oder die natürliche Umgebung für diejenigen zu verändern, die auch als gläubige Christen noch mitten in einer gefallenen Welt leben. Ein weiteres, umfassenderes Evangelium als das, das Paulus in diesem Abschnitt darlegt, wäre nicht mehr das Evangelium, sondern nur eine Ansammlung unhaltbarer religiöser Verheißungen.

Es gibt noch andere Formen von unauffälligem Synkretismus. Viele christliche Gemeinschaften erfreuen sich zusätzlich zum Evangelium eines wunderbaren religiösen Erbes. Sie verdanken ihren geheiligten Überlieferungen Stabilität und Orientierung angesichts der neuen Probleme unserer Generation. „Unsere Väter" haben vielen von uns einen heiligen Schatz biblischer Lehre vermacht, der uns in Zeiten der Anfechtung eine Stütze war.

Der Blick auf die Vergangenheit kann jedoch in unserem christlichen Denken kaum merkliche Irrtümer verursachen. Was die Gemeinde Jesu heute braucht, ist nicht so sehr „der Glaube unserer Väter", sondern der Glaube Jesu Christi, wie er in den unwandelbaren Schriften des Neuen Testamentes zu finden ist. Tradition kann zu einem gefährlichen Element im Denken der Christen werden, weil sie sich fast immer auf menschliche Überlieferungen bezieht, die bestenfalls teilweise biblisch sind. Große, zeitübergreifende Traditionen verdanken sogar ihr Dasein nicht selten dem Bedürfnis, gewisse theologische Aussagen, die im Wort Gottes keine Stütze haben, durch Brauch und Sitte abzusichern. „Unser geheiligtes Erbe" ist allzu oft nur ein melodramatischer Ausdruck, mit dem Gläubige auf jemand anderen als Jesus Christus oder etwas anderes als die Heilige Schrift verpflichtet werden sollen.

Eine andere synkretistische Tendenz liegt in dem Bestreben der großen Denominationen, den „Imperativ des sozialen Handelns" in ihre Verkündigung des Evangeliums aufzunehmen. Zu Recht ist ihnen teilweise sogar vorgeworfen worden, ein rein soziales Evangelium zu predigen.

Viele evangelikale Christen reden heute von den „sozialen Implikationen des Evangeliums in unserer Zeit". Das Wort *Implikationen* wird dann bald gegen *Verpflichtungen* ausgetauscht. Von dort ist es nicht mehr weit bis zu dem Wort *Imperativ*.

Auf die Frage, was die sozialen Implikationen des Evangeliums seien, antwortet so mancher ernsthafte Evangelikale mit geschwollenen, klugen Reden, die schlechterdings unmöglich zu verstehen sind. Oft klingt es, als hätten sie ihre Theologie in einem Soziologie-Seminar gelernt.

Vielleicht hat das Evangelium tatsächlich soziale Implikationen (weniger, glaube ich, als allgemein verkündet wird), aber das ist ein anderes Thema, das unendlich viel weniger Bedeutung hat als der Tod Jesu Christi am Kreuz und seine Auferstehung. Das eine ist der Grund ewiger Erlösung, das andere der Grund endloser Diskussionen.

Worauf es ankommt, ist, daß Christen genug von der biblischen Lehre verstehen, um unterscheiden zu können, was das Evangelium *ist* und was es *impliziert*. Wir müssen neu lernen, was das Unverzichtbare, Zentrale an der Botschaft Jesu Christi ist und welches die weniger wichtigen Dinge sind.

Politische Veränderungen, körperliche Heilung, Friedensmärsche, Abstinenzbewegungen, Kleidungsstile — die Liste ist endlos —, all das sind sicher interessante Diskussionsthemen unter Christen. Sie stehen aber keinesfalls auf der gleichen Stufe wie das vollkommene Werk Jesu Christi am Kreuz, durch das er die Sünden der Welt hinweggenommen hat.

Das Christentum hat eine sehr interessante Geschichte. Wie eine mächtige Armee scheint es in der Stadt Jerusalem aufgebrochen und in einem grandiosen Siegeszug bis an die Enden der westlichen Zivilisation gelangt zu sein. Aber leider war es nicht ganz so. Ein großer Teil der Länder, die irgendwann einmal durch das Evangelium aufgewühlt wurden, hütet nun die Überreste einer toten Religion, die immer noch den Namen „Christentum" trägt. Fast jedes Stadtbild in der westlichen Welt wird geprägt von den Türmen jener alten Gebäude, die man Kirchen nennt und die nur noch geisterhafte Denkmäler eines erloschenen Lebens sind.

Europa ähnelt einem gigantischen Friedhof des christlichen Glaubens, von dem man heute nur noch die Grabsteine sieht. In den Ländern, von denen es ausgegangen ist, ist nur noch wenig vom wahren Christentum übriggeblieben.

Diese Bestandsaufnahme scheint zu zeigen, daß unser Glaube am besten in den Pioniersituationen an der Grenze der Zivilisation gedieh, die sich unaufhaltsam von Osten nach Westen bewegte. Als die Gemeinden älter wurden, paßten sie sich offenbar an und vergaßen ihre himmlische Berufung. Sie gründeten ökumenische Bewegungen, Gesellschaften für christlich-jüdische Zusammenarbeit und zahllose andere Organisationen, um das Fadenscheinige ihrer inneren Situation zu verbergen. Sie setzten sich für politische Veränderungen und soziales Handeln ein und mühten sich aufrichtig, die Leiden der Unterdrückten in der Gesellschaft wiedergutzumachen. Zeit, Geld und unersetzliche menschliche Energien wurden auf diese „guten Sachen" verwendet, gegen die die Erlösung von der Sünde verhältnismäßig belanglos erschien.

Was waren die Folgen? Ein Land nach dem anderen vergaß das Evangelium von Jesus Christus. Gemeinden starben dahin und merkten es nicht einmal! Die Herrlichkeit und der Segen Gottes gingen verloren, und vielbeschäftigte Kirchenfunktionäre waren zu blind, zu erkennen, daß ihr Leuchter fortgenommen worden war.

Der Synkretismus, der Versuch, Evangelium und gottlose Welt miteinander zu versöhnen, ist ein tödlicher Virus, von dem sich kaum eine Gemeinschaft wieder erholen kann. Dieser Virus kann uns alle anstecken und wie eine Seuche hinwegfegen. Wenn der Menschensohn kommt, wird er Glauben auf der Erde finden?

# Was ist
zu tun?

Ohne Zweifel erleben wir heute eine schier unfaßbare, explosionsartige Ausbreitung satanischer Sekten. Manche der alten Sekten spalten sich in mehrere neue Varianten auf, und es vergeht keine Woche, in der nicht neue Sekten entstehen. Verschlagene Menschen mit ein paar aufgeschnappten religiösen Kenntnissen suchen sich, angetrieben durch ihren Stolz und durch Satan, ihren eigenen Einflußbereich in der religiösen Szene zu sichern.

Angesichts dessen fragen sich immer mehr besorgte Menschen, wie sie sich selbst und andere vor diesen verderblichen religiösen Einflüssen schützen können. Einige der Maßnahmen, die wir ergreifen müssen, wenn wir Christus treu bleiben wollen, sind folgende:

1. *Die christliche Lehre besser verstehen lernen.* Die wichtigste einzelne Ursache für den Erfolg der Sekten ist die geistliche Unwissenheit vieler Menschen. Zu viele Christen geben sich mit einer nur oberflächlichen Kenntnis der Bibel zufrieden und halten sich dabei auch noch für geistlich besonders einsichtig. Nichts könnte weiter von der Wahrheit entfernt sein!

Der Christ muß sich einem sorgfältigen Studium der Heiligen Schrift widmen und die Bibel vom Gesichtspunkt der Lehre verstehen lernen. Er sollte biblisch fundierte Antworten geben können auf Fragen wie: Wer ist Gott? Was ist der Mensch? Was ist Sünde? Was verstehen wir unter der Inspiration der Bibel? Diese und viele andere Fragen muß ein Christ sicher beantworten können.

Wir leben in einer Zeit, in der die Bedeutung der Lehre zugunsten der geistlichen Erfahrung heruntergespielt wird.

Das ist der größte Fehler, den man sich vorstellen kann, denn Erfahrung hat wenig oder gar nichts mit christlicher Wahrheit zu tun. Unsere Erfahrungen sind nur menschlich. Sie sind nichts als die Reaktionen unseres Nervensystems auf geistliche Wahrheiten oder Irrtümer, die uns präsentiert werden.

Ein evangelikaler Leiter, der sagt: „Wir brauchen nicht mehr Lehre, sondern mehr Erfahrungen", sollte darüber noch einmal nachdenken. Er treibt seine Schafe den sektiererischen Wölfen zu, die die Herde umschleichen. Die schlichten Lämmer, die nach mehr Gefühlen suchen, bekommen ihren Nervenkitzel dann wahrscheinlich vom großen, bösen, aber freundlichen Wolf.

2. *Sich von geistlicher Unterwanderung fernhalten.* Der Apostel Paulus warnte die Epheser eindringlich: „Habt keine Gemeinschaft mit den unfruchtbaren Werken der Finsternis" (Epheser 5,11). Viele Menschen fragen, ob es nicht sinnvoll sei, Versammlungen von Sekten zu besuchen und ihre Literatur sorgfältig zu studieren. Mit ganz wenigen Ausnahmen ist die Antwort ein kategorisches Nein!

Eine in die Einzelheiten gehende Untersuchung der falschen Lehren ist eine kaum zu bewältigende Aufgabe. Nur wenige Menschen habe die Zeit oder die Kraft, sich über alles zu informieren, was über die zahllosen falschen Religionen unserer Zeit in Erfahrung zu bringen ist. Es stimmt einfach nicht, daß wir diese falschen Lehren nur dann kritisieren können, wenn wir alles gelesen haben, was es von ihren Vertretern zu lesen gibt. Man muß einen schlechten Film nicht erst bis zum Ende anschauen, um zu wissen, daß er schlecht ist.

Es gibt törichte Christen, die zu neugierig sind. Sie sollten sich ein Beispiel an Stuart Hamblins Lied nehmen: „Warum soll ich mich mit Kattun abgeben, wenn ich zu Hause Seide habe?" Die Aussage „Du kannst nicht etwas beurteilen, das du nicht ausprobiert hast" ist eine Lehre Satans, nämlich genau die, mit der er schon Eva zu Fall brachte und der ganzen Welt das furchtbare Geschwür der Sünde einpflanzte.

3. *Unheilige Anschauungen zurückweisen.* Mit genau diesen Worten ermahnte Paulus den Timotheus: „Der unheiligen Altweiberfabeln aber entschlage dich" (1. Timotheus 4,7). Der Apostel Paulus wußte, daß die Welt eines Tages voller religiöser Tagediebe sein würde, die stunden- oder gar tagelang jedem, der ihnen zuhört, Zeit und Kraft stehlen.

Es gehen zahllose Geschichten um von in den Wolken erschienenen Bildern Christi, zweifelhaften Totenauferweckungen in entlegenen Urwaldgebieten und Predigern, die irgendwo eine neue und nie gehörte Botschaft verkündigen.

Christen sind dazu aufgefordert, sich mit diesen Dingen nicht zu befassen, sondern dem Rat zu folgen, den auch Timotheus empfing: „Halte an mit Vorlesen, mit Ermahnen, mit Lehren" (1. Timotheus 4,13). „Dies laß dein Anliegen sein, damit gib dich ab, auf daß dein Fortschreiten in allen Dingen sichtbar werde" (1. Timotheus 4,15).

Es wird also deutlich, daß der Christ nicht auf irgendeiner Wolke der Euphorie durchs Leben schweben darf. Statt dessen fordert ihn die Schrift immer wieder auf, Sorgfalt, Umsicht, Wachsamkeit und klares Denken zu bewahren. Er muß sehr nüchtern sein, denn sein satanischer Gegenspieler geht immer noch um und sucht, wen er verschlingen kann (1. Petrus 5,8).

4. *Niemals Sektenangehörige ermutigen.* Als Christen sollen wir anderen in liebevoller Haltung begegnen, aber wir müssen auch der Tatsache ins Auge sehen, daß viele Betrüger in die Welt gekommen sind, die nicht an das Evangelium von Jesus Christus glauben und tatsächlich Feinde Gottes sind. Sie sind antichristlich. Was diese Leute angeht, werden wir ermahnt, sehr vorsichtig zu sein und nicht unsere geistliche Festigkeit aufs Spiel zu setzen, indem wir uns irreführen lassen.

Der Apostel Johannes schreibt: „Wer darüber hinausgeht und nicht in der Lehre Christi bleibt, der hat Gott nicht; wer in der Lehre bleibt, der hat den Vater und den Sohn. Wenn jemand zu euch kommt und diese Lehre nicht bringt, den nehmet nicht auf in euer Haus und grüßet ihn nicht! Denn wer ihn grüßt, macht sich teilhaftig seiner bösen Werke" (2. Johannes

9-11). Das ist das harte, aber notwendige Verhalten eines Menschen, der sich und seine Familie vor geistlichen Gefahren schützen will.

5. *Bereit sein, für den Glauben zu streiten.* Die Schrift fordert uns auf, entschieden für den Glauben zu streiten. Das bedeutet natürlich, daß wir bereit sein sollen, die Wahrheit des Evangelium gegenüber satanischen Gegenspielern zu verteidigen (Judas 3). In der Bibel gibt es Beispiele dafür, daß das bis hin zu Auseinandersetzungen mit Freunden und Gefährten gehen kann. Der Apostel Paulus war mit Sicherheit ein guter Freund des Apostels Petrus, aber er sagte: „Als aber Petrus nach Antiochia kam, widerstand ich ihm ins Angesicht, denn er war angeklagt" (Galater 2,11). In diesem Fall hatte sich Petrus eines Lehrirrtums schuldig gemacht und so den Judaisten in die Hände gespielt, die die Christen Galatiens zur Irrlehre verleiteten.

Sogar Jesus Christus selbst mußte sich einmal an seinen geliebten Freund, wiederum den Apostel Petrus, wenden und ihm sagen: „Hebe dich weg von mir, Satan" (Matthäus 16,23). Ein wahrer Diener Jesu Christi muß immer daran denken, daß seine Freundschaft zu Jesus Christus das Maßgebliche ist. Alle menschlichen Beziehungen müssen sich danach richten.

Das wichtigste Prinzip im Universum ist die Wahrheit; sie muß verteidigt werden, auch wenn es unser Leben kosten sollte. Der Apostel Paulus hat sicher nicht im Scherz gesprochen, als er uns alle als Soldaten des Kreuzes bezeichnete und uns genau die Rüstung beschrieb, die wir tragen müssen, um als Streiter für den Glauben brauchbar zu sein (Epheser 6,10-20).

Unsere religiösen Gefühle — und dies ist das gefühlsbetonteste Zeitalter der Kirchengeschichte — sagen uns oft, daß es irgendwie unwürdig oder ungeistlich sei, für den Glauben zu streiten. Aber das ist ein schwerer Irrtum. In der Heiligen Schrift findet sich wiederholt die Analogie von den Christen als Soldaten des Kreuzes. Die Welt wird als ein Schlachtfeld beschrieben, und die wichtigste Schlacht, die hier geschlagen wird, ist die zwischen Wahrheit und Unwahrheit.

Manfred Heide

## Irrwege des Heils

Das angenommene oder tatsächliche Versagen der Schulmedizin treibt immer mehr Menschen in die Arme von Heilern, Magiern oder selbsternannten Naturärzten. Dort erwarten sie Heilung von ihren Leiden und bekommen sie sehr oft auch. Aber um welchen Preis?
Der Autor hat viele der außermedizinischen Heilmethoden untersucht und beschreibt in seinem Buch die Praktiken sowie den Ursprung und Wesen. Er macht den Leser insbesondere auf die geistlichen Folgen aufmerksam.

Einige Themen:

- Der Mensch auf der Suche nach Heilung
- Pendel und Wünschelrute
- Hypnose und Autogenes Training
- Homöopathie
- Akupunktur
- Transzendentale Meditation

**Manfred Heide**
ist Chefarzt einer Kur- und Fachklinik in Bad Laasphe. Er ist Facharzt für Innere Medizin, Rheumatologie, Physikalische Therapie, Naturheilverfahren und Sozialmedizin.

Taschenbuch, 253 Seiten
**Bestell-Nr. 15 535**